中华人民共和国
农村土地承包法

（实用版）

中国法制出版社
CHINA LEGAL PUBLISHING HOUSE

图书在版编目（CIP）数据

中华人民共和国农村土地承包法：实用版／中国法制出版社编．—3版．—北京：中国法制出版社，2019.3（2025.12重印）

ISBN 978-7-5216-0040-7

Ⅰ.①中… Ⅱ.①中… Ⅲ.①农村土地承包法-中国 Ⅳ.①D922.32

中国版本图书馆CIP数据核字（2019）第034162号

责任编辑：王林林　　封面设计：杨泽江

中华人民共和国农村土地承包法（实用版）

ZHONGHUA RENMIN GONGHEGUO NONGCUN TUDI CHENGBAOFA (SHIYONGBAN)

经销/新华书店

印刷/三河市紫恒印装有限公司

开本/850毫米×1168毫米　32开　　印张/5.75　字数/120千

版次/2019年3月第3版　　2025年12月第11次印刷

中国法制出版社出版

书号 ISBN 978-7-5216-0040-7　　定价：18.00元

北京市西城区西便门西里甲16号西便门办公区

邮政编码：100053　　传真：010-63141600

网址：http://www.zgfzs.com　　**编辑部电话：010-63141672**

市场营销部电话：010-63141612　　**总编室电话：010-63141606**

（如有印装质量问题，请与本社总编室联系。）

■实用版

编辑说明

运用法律维护权利和利益，是读者选购法律图书的主要目的。法律文本单行本提供最基本的法律依据，但单纯的法律文本中的有些概念、术语，读者不易理解；法律释义类图书有助于读者理解法律的本义，但又过于繁杂、冗长。“实用版”法律图书至今已行销多年，因其实用、易懂的优点，成为广大读者理解、掌握法律的首选工具。

“实用版系列”独具五重使用价值：

1. **专业出版。**中国法制出版社是中央级法律类图书专业出版社，是国家法律、行政法规文本的权威出版机构。

2. **法律文本规范。**法律条文利用了本社法律单行本的资源，与国家法律、行政法规正式版本完全一致，确保条文准确、权威。

3. **条文解读详致。**本书中的【理解与适用】从庞杂的相互关联的法律条文以及全国人大常委会法制工作委员会等对条文的解读中精选、提炼而来；【典型案例指引】来自最高人民法院指导案例、公报、各高级人民法院判决书等，点出适用要点，展示解决法律问题的实例。

4. **附录实用。**书末收录经提炼的法律流程图、诉讼文书、办案常用数据等内容，帮助提高处理法律纠纷的效率。

5. **附赠电子版。**与本分册主题相关、因篇幅所限而未收录的相关文件、“典型案例指引”所涉及的部分重要案例全文，均制作成电子版文件。扫一扫封底“法规编辑部”即可免费获取。

需要说明的是，只有国家正式通过、颁布的法律文本才具有法律效力，书中【条文主旨】、【理解与适用】、【实用附录】等内容，为编者方便读者阅读、理解而编写，仅供参考。

中国法制出版社

2025 年 12 月

《中华人民共和国农村土地承包法》理解与适用

农村土地承包是指对农民集体所有和国家所有依法由农民集体使用的耕地、林地、草地，以及其他依法用于农业的土地，采取农村集体经济组织内部的家庭承包方式，不宜采取家庭承包方式的荒山、荒沟、荒丘、荒滩等农村土地，采取招标、拍卖、公开协商等方式承包。

家庭承包经营是我国的一个伟大创举，在坚持土地等生产资料集体所有的前提下，把土地使用权承包给农户，确立了家庭经营的主体地位，赋予了农民充分的生产经营自主权。家庭承包经营和集体统一经营是相互依存的统一整体，家庭承包经营是我国农村集体经济组织内部的一个经营层次，是农村集体经济的一种有效经营方式。农民通过承包本集体的农村土地，取得土地承包经营权，从而对所承包的土地享有经营自主权、收益权和土地承包经营权流转的权利。

《中华人民共和国农村土地承包法》于2002年8月经第九届全国人民代表大会常务委员会第二十九次会议通过，自2003年3月1日起施行。2009年8月27日第十一届全国人民代表大会常务委员会第十次会议作出决定，将法律中的“征用”修改为“征收、征用”。

农村土地承包法2018年12月29日第二次修正主要有以下九个方面的内容：

（一）明确了农村集体土地所有权、土地承包权、土地经营权“三权分置”

“三权分置”改革是继家庭承包责任制之后农村改革的重

大制度创新，从理论和实践丰富了农村双层经营体制的内涵。家庭联产承包责任制实现集体土地的“两权分离”，主要解决调动亿万农民的生产积极性问题，“三权分置”主要解决农业适度规模经营、集约化经营及发展现代农业问题。

1. 集体土地所有权。

《中华人民共和国宪法》第10条第2款规定，“农村和城市郊区的土地，除由法律规定属于国家所有的以外，属于集体所有”。根据《中华人民共和国民法典》第261条第1款的规定，农村集体土地“属于本集体成员集体所有”。农村集体经济组织或者村委会代表集体经济组织行使所有权，享有对土地占有、使用、收益和处分的权利。我国农村集体土地所有权集体所有制同全民所有制一样，是社会主义经济制度的基础。

民法典物权编将土地承包经营权界定为用益物权，集体所有权侵犯承包经营权的问题从法律上得以解决。2018年12月29日修改农村土地承包法，立足于坚持集体土地所有权制度，清晰界定集体土地所有权与土地承包经营权的权利内容，防止集体土地所有权虚置，做到权利平衡、不相互挤压。

原农村土地承包法将集体土地所有权的权利内容界定为发包权、监督权、管理权及法律、法规规定的其他权利。修改后的农村土地承包法，对集体经济组织在土地发包、土地经营权流转、土地用途管制、土地合理利用、土地经营权融资担保管理等方面的权利进一步细化（第14条、第45条、第46条、第47条、第64条）。

2. 土地承包权。

土地承包权是承包地流转后从土地承包经营权中分置出来的，农户拥有土地承包权是农村基本经营制度的基础。实践中，取得承包权有两个条件：具有本集体经济组织成员资格（成员属性）；与发包方签订了承包合同，获得了承包地（财产属性）。

土地承包经营权与土地承包权的权利主体都是土地承包方。

承包方的权利如下：一是在承包期限内使用承包地，自主组织生产经营和处置产品的权利；二是承包期内出租（转包）、互换、转让、入股、交回承包地、获得收益的权利；三是在承包地被征收、征用、占用获得补偿的权利；四是承包期内承包人应得的承包收益可以依法继承，林地承包人死亡，其继承人可以在承包期内继承承包等。土地承包经营权互换、转让须在集体经济组织内进行，互换是为了方便耕作，转让是放弃土地承包经营权，发包方需要与新承包方重新确定承包关系（第 17 条、第 27 条、第 30 条、第 32 条、第 33 条、第 34 条、第 36 条）。

在承包地未流转的情况下，承包方拥有土地承包经营权，既承包又经营。在承包地流转的情况下，承包方拥有土地承包权，只承包不经营，经营权流转给了第三方。流转是土地承包权设立的前提。如果承包方与第三方的土地流转合同到期，承包方仍享有土地承包经营权。土地承包权权能中的收益权和受限定的处分权（可以收回土地经营权但不能买卖承包地）是现实存在的，不是虚置的权利。

3. 土地经营权。

承包方采用出租（转包）、入股等方式将承包地流转给第三方使用后，土地经营权转移。保障土地经营权人依法享有的合法权益，规范流转行为，是完善农村土地承包法律制度的一个重点，也是农村基本经营制度的与时俱进。

土地经营权人的权利：一是按照合同使用流转的承包地，自主开展生产经营并取得收益（第 37 条）；二是因改善生产条件、提高生产能力获得相应补偿（第 43 条）；三是经承包方同意并向发包方备案，可以用土地经营权设定融资担保（第 47 条）；四是经承包方书面同意并向本集体经济组织备案，可以再流转土地经营权等（第 46 条）。土地经营权人承担的义务：支付土地流转对价，不改变流转土地的农业用途和连续两年以上弃耕抛荒，不破坏农业综合生产能力和土地生态环境等（第 40 条、42 条）。

（二）明确了农村土地承包关系保持稳定并长久不变

土地承包关系从“长期稳定”到“长久不变”，目的是给土地承包经营权人稳定的经营预期，巩固和完善农村基本经营制度。

（三）明确了第二轮土地承包到期再延长三十年

这样规定，既体现土地承包关系稳定的主基调，又有利于处理坚持土地集体所有与保护农民财产权的关系，有利于处理土地承包制度稳定与完善的关系，有利于处理土地流转、适度规模经营与化解人地突出矛盾的关系。草地、林地二轮承包期届满后，按照相关规定继续延长（第21条第2款）。

（四）明确了维护进城落户农民的土地承包经营权

原农村土地承包法规定，承包期内，承包方全家迁入小城镇落户的，应当按照承包方的意愿，保留其土地承包经营权或者允许其依法进行土地承包经营权流转。承包期内，承包方全家迁入设区的市，转为非农业户口的，应当将承包的耕地和草地交回发包方。承包方不交回的，发包方可以收回承包的耕地和草地。

2018年12月29日修改在制度设计上把握了三个原则：第一，承包期内，农民进城落户，无论是部分成员或者举家迁入，都不以退出土地承包权为前置条件。第二，承包期内，农民全家在城镇落户后，引导支持其依法自愿有偿转让承包地或流转土地经营权。第三，把是否交回承包地的选择权交给进城落户农民和其原所在的集体经济组织，不代替农民和集体经济组织选择。

（五）明确了土地经营权可以融资担保

以承包地的土地经营权作为融资担保标的物，是以承包人对承包地享有的占有、使用、收益和流转权利为基础的，满足用益物权可设定为融资担保标的物的法定条件。随着土地承包经营权确权登记、农村土地流转交易市场完善，将承包地的土地经营权纳入融资担保标的物范围水到渠成。以承包地的土地经营权为标的物设定担保，当债务人不能履行债务，债权人依法定程序处分担保物，只是转移了承包地的土地经营权，实质是使用权和收益权，土地承包权没有转移，承包地的集体所有性质也不因此改变。

第三方通过流转取得的土地经营权，经承包方书面同意并向发包方备案，可以向金融机构融资担保。

（六）明确了承包经营权的入股权能

对于农村土地承包经营权入股，原农村土地承包法是将家庭承包方式和“四荒地”招标、拍卖、公开协商承包方式分开处理的。对于家庭承包方式取得的承包地，原农村土地承包法将入股限定在承包方自愿联合从事农业合作生产的范围。对“四荒地”的土地承包经营权，原农村土地承包法规定可以采取入股方式流转。2018 年 12 月 29 日农村土地承包法修改，增加了承包方可以采用入股的方式流转土地经营权的规定，但需向发包方备案。

承包地的土地经营权采取入股方式流转，与原法规定的土地承包经营权入股发展农业合作不同，前者宽泛，包括入股法人企业，后者是入股组建土地股份合作社；前者的治理结构可以是公司制，后者是股份合作制，是特殊的法人治理结构；承包地的土地经营权入股法人企业后，能处置的只是承包地的土地经营权，土地承包权仍归承包方，集体土地所有权也不改变。对此，农村土地承包法仅作原则性规定，给实践留出空间。

（七）明确工商企业流转土地经营权的准入监管

农村土地承包法规定，县级以上地方人民政府应当建立工商企业等社会资本流转土地经营权的资格审查、项目审核和风险防范制度，本集体经济组织可以收取适量管理费用。上述规定，目的是加强农地用途管制和保护农民流转土地经营权的权益，是规范而不是堵，允许工商企业进入农业提升集约化经营水平的方向没有改变。当然，要禁止借机设置门槛搞权力寻租（第 45 条）。

（八）明确妇女土地承包权益的保护

原农村土地承包法中对保护妇女土地承包权益已有规定。现实中侵害妇女土地承包权益，表现为通过制定村规民约，对结婚、离婚或丧偶妇女的土地承包权益、集体经济收益的分配权益等进行限制。农村土地承包是按户承包，按人分地，妇女出嫁前，是具有土地承包经营权的家庭成员。妇女如在婚入地未取得承包地，按照原农村土地承包法的规定，婚出地的发包方不得收回其承包地。如果婚出地家庭兄弟姐妹分家析产，出嫁女依然享有原家庭承包土地的财产权益。2018 年 12 月 29 日修法进一步明确，农户内家庭成员依法平等享有承包土地的各项权益。土地承包经营权证或者林权证应当将具有土地承包经营权的全部家庭成员列入（第 16 条、第 24 条）。

（九）授权确认农村集体经济组织成员身份

鉴于自人民公社制度解体以来，集体经济组织成员身份边界不清问题由来已久，十分复杂。经反复权衡，修正案只作出衔接性规定，对确认农村集体经济组织成员身份的原则、程序等留给其他法律或法规具体规定（第 69 条）。

目录

中华人民共和国农村土地承包法

第一章　总　　则

第二章　家庭承包

第一节　发包方和承包方的权利和义务

第五章 附 则

实用核心法规

实用附录

电子版增补法规（请扫封底“法规编辑部”二维码获取）

农业农村部、自然资源部印发《关于开展“大棚房”问题专项清理整治行动坚决遏制农地非农化的方案》的通知

（2018 年 9 月 14 日）

农业农村部、国家发展改革委、财政部、中国人民银行、国家税务总局、国家市场监督管理总局关于开展土地经营权入股发展农业产业化经营试点的指导意见

（2018 年 12 月 19 日）

中国人民银行、银保监会、证监会、财政部、农业农村部关于金融服务乡村振兴的指导意见

（2019 年 1 月 29 日）

最高人民法院关于审理涉及国有土地使用权合同纠纷案件适用法律问题的解释

（2020 年 12 月 23 日）

中华人民共和国农村土地承包法

（2002年8月29日第九届全国人民代表大会常务委员会第二十九次会议通过　根据2009年8月27日第十一届全国人民代表大会常务委员会第十次会议《关于修改部分法律的决定》第一次修正　根据2018年12月29日第十三届全国人民代表大会常务委员会第七次会议《关于修改〈中华人民共和国农村土地承包法〉的决定》第二次修正）

目　　录

第一章　总　　则

第一条　立法目的[①]

为了巩固和完善以家庭承包经营为基础、统分结合的双层经营体制，保持农村土地承包关系稳定并长久不变，维护农村土地承包经营当事人的合法权益，促进农业、农村经济发展和农村社会和谐稳定，根据宪法，制定本法。

第二条　农村土地范围

本法所称农村土地，是指农民集体所有和国家所有依法由农民集体使用的耕地、林地、草地，以及其他依法用于农业的土地。

▶理解与适用

根据本条的规定，本法所称的农村土地，主要包括以下三种类型：

一是农民集体所有的耕地、林地、草地。农民集体所有的耕地、林地、草地是指所有权归集体的耕地、林地、草地。用于农业的土地中数量最多，涉及面最广。与每一个农民利益最密切的是耕地、林地和草地。这些农村土地，多采用人人有份的家庭承包方式，集体经济组织成员都有承包的权利。

二是国家所有依法由农民集体使用的耕地、林地、草地。国家所有依法由农民集体使用的耕地、林地、草地与农民集体所有的耕地、林地、草地的区别在于，前者的所有权属于国家，但依法由农民集体使用。

---

① 条文主旨为编者所加，下同。

三是其他依法用于农业的土地。用于农业的土地，主要有耕地、林地和草地，还有一些其他依法用于农业的土地，如养殖水面、“四荒地”等。养殖水面主要是指用于养殖水产品的水面，养殖水面属于农村土地不可分割的一部分，也是用于农业生产的，所以也包括在本条所称的农村土地的范围之中。此外，还有荒山、荒丘、荒沟、荒滩等“四荒地”，“四荒地”依法是需要用于农业的，也属于本条所称的农村土地。

▶条文参见

《宪法》[①] 第9、10条；《民法典》第310、343条；《土地管理法》第2、4条；《草原法》第9、10条；《森林法》第15条；《渔业法》第11条

第三条 农村土地承包经营制度

国家实行农村土地承包经营制度。

农村土地承包采取农村集体经济组织内部的家庭承包方式，不宜采取家庭承包方式的荒山、荒沟、荒丘、荒滩等农村土地，可以采取招标、拍卖、公开协商等方式承包。

▶理解与适用

本条规定的农村土地承包经营制度，包括两种承包方式，即家庭经营方式的承包和以招标、拍卖、公开协商等方式的承包。

农村土地承包采取农村集体经济组织内部的家庭承包方式。家庭承包方式是指以农村集体经济组织的每一个农户家庭全体成员为一个生产经营单位，作为承包人承包农民集体的耕地、林地、草地等农业用地，对于承包地按照本集体经济组织成员是人人平等地享有一份的方式进行承包。

---

① 为便于阅读，本书中相关法律文件标题中的“中华人民共和国”字样都予以省略。

农村集体经济组织内部的家庭承包方式的主要特点如下：一是集体经济组织的每个人，不论男女老少，都平等享有承包本农民集体的农村土地的权利，除非他自己放弃这个权利。二是以户为生产经营单位承包，也就是以一个农户家庭的全体成员作为承包方，与本集体经济组织或者村委会订立一个承包合同，享有合同中约定的权利，承担合同中约定的义务。承包户家庭中的成员死亡，只要这个承包户还有其他人在，承包关系仍不变，由这个承包户中的其他成员继续承包。三是承包的农村土地对集体经济组织的每一个成员而言是人人有份的，这主要是指耕地、林地和草地，但不限于耕地、林地、草地。对于本集体经济组织的成员应当人人有份的农村土地，应当实行家庭承包的方式。

▶**条文参见**

《民法典》第330、331条

第四条 农村土地承包后土地所有权性质不变

农村土地承包后，土地的所有权性质不变。承包地不得买卖。

▶**理解与适用**

根据本条的规定，第一，农民对土地承包不是私有化，农民对所承包的土地不具有独立的土地所有权，土地所有权承包前属于农民集体所有的仍属于农民集体所有，承包前属于国家所有的仍属于国家所有，土地所有权的性质不会因为土地承包而发生改变。第二，农民对其所承包的土地不得买卖，只能依照本法的规定对其互换、转让土地承包经营权或者流转土地经营权。

▶**条文参见**

《民法典》第331条

第五条 承包权的主体及对承包权的保护

农村集体经济组织成员有权依法承包由本集体经济组织发包的农村土地。

任何组织和个人不得剥夺和非法限制农村集体经济组织成员承包土地的权利。

▶理解与适用

本条第1款规定，农村集体经济组织成员有权依法承包由本集体经济组织发包的农村土地。本款规定主要有以下三个含义：(1) 农村集体经济组织成员有权承包的土地是农村集体所有的土地以及国家所有依法由农民集体使用的农村土地。按照宪法和土地管理法等法律规定，农村和城市郊区的土地，除由法律规定属于国家所有的以外，属于农民集体所有；宅基地和自留地、自留山，属于农民集体所有。农民集体所有有三种主要形式：一是村农民集体所有；二是村内两个以上农村集体经济组织的农民集体所有；三是乡（镇）农民集体所有。农村土地主要包括耕地、林地、草地、荒山、荒沟、荒丘、荒滩、养殖水面等。(2) 有权承包本集体经济组织发包土地的是本集体经济组织的成员。(3) 本农村集体经济组织成员是指本集体经济组织内的所有成员。

本条第2款规定，任何组织和个人不得剥夺和非法限制农村集体经济组织成员承包土地的权利。因此，任何组织和个人不得以民族、种族、性别、职业、家庭出身、宗教信仰、教育程度、财产状况、居住期限等理由，剥夺和非法限制农村集体经济组织成员的承包权利。

▶条文参见

《宪法》第6、8条；《行政诉讼法》第12条

第六条 土地承包经营权男女平等

农村土地承包，妇女与男子享有平等的权利。承包中应当保护妇女的合法权益，任何组织和个人不得剥夺、侵害妇女应当享有的土地承包经营权。

▶理解与适用

农村妇女在农村土地承包中的权利，主要体现在以下三个方面：一是作为农村集体经济组织的成员，妇女同男子一样有权承包本集体经济组织发包的土地。不能因为是妇女而不许其承包土地，也不能因为是妇女而不分配给其应有的承包地份额。二是妇女结婚的，其承包土地的权利受法律保护。三是在妇女离婚或者丧偶的情况下，仍在原居住地生活，或者不在原居住地生活但在新居住地未取得承包地的，原集体经济组织不得收回该妇女已经取得的原承包地。

▶条文参见

《农村土地承包合同管理办法》第5条第1款

第七条 公开、公平、公正原则

农村土地承包应当坚持公开、公平、公正的原则，正确处理国家、集体、个人三者的利益关系。

▶理解与适用

在进行农村土地家庭承包中，“公开”是指以下三个方面：一是进行承包活动的信息要公开。二是进行承包的程序要公开。三是承包方案和承包结果公开。

在进行农村土地家庭承包中，“公平”主要是指本集体经济组织成员依法平等地享有、行使承包本集体经济组织土地的权利。在确定承包方案时，应当民主协商，公平合理地确定发包方、承包方权利义务。

在进行农村土地家庭承包中，“公正”主要是指在承包过程中，要严格按照法定的条件和程序办事，同等地对待每一个承包方，不得暗箱操作，也不得厚此薄彼，亲亲疏疏。

第八条 集体土地所有者和承包方合法权益的保护

国家保护集体土地所有者的合法权益，保护承包方的土地承包经营权，任何组织和个人不得侵犯。

▶理解与适用

国家保护集体土地所有者的合法权益主要表现在以下三个方面：(1) 对集体所有的土地，依法确认所有权。(2) 保护农村集体经济组织依法对土地的经营管理权。(3) 对侵犯集体土地的行为，给予法律制裁。

国家保护承包方的土地承包经营权主要表现在以下八个方面：(1) 本法明确规定，农村集体经济组织成员有权依法承包由本集体经济组织发包的土地。(2) 承包期内，发包方不得收回承包地。(3) 承包期内，发包方不得调整承包地。(4) 承包期内，承包方可以自愿将承包地交回发包方。(5) 承包方应得的承包收益，依照民法典继承编的规定继承。林地承包的承包方死亡，其继承人可以在承包期内继续承包。通过招标、拍卖、公开协商等方式取得土地经营权的，该承包人死亡，其应得的承包收益，依照民法典继承编的规定继承；在承包期内，其继承人可以继续承包。需要说明的是，土地承包是以农户家庭为单位，承包人是指承包土地的农户家庭，而不是指家庭中的某个成员。承包人死亡是指承包户家庭的人均已死亡的情况。承包耕地、草地的家庭中某一个人死亡，其他成员还在，不发生继承问题，仍由其他成员承包；家庭成员均已死亡的，其承包经营权终止，承包经营权不再由该承包户以外的其他亲属继承。由于林地的承包具有收益慢、周期长、风险大等特点，因此林地承包的承包人死亡，承包户以外的继承人可以在承包期内继续承包。(6) 家庭承包中的承包方承包土地后，享有土地承包经营权，可以自己经营，也可以保留土地承包权，流转其承包地的土地经营权，由他人经营。(7) 发包方违反承包合同，给承包方造成损失的，承包方有权要求发包方承担赔偿损失等违约责任。(8) 任何组织和个人侵害土地承包经营权的，都应当承担法律责任。

第九条 “三权分置”

承包方承包土地后，享有土地承包经营权，可以自己经营，也可以保留土地承包权，流转其承包地的土地经营权，由他人经营。

▶理解与适用

“三权分置”是农村土地经营方式在改革过程中两次“两权分离”的结果：第一次“两权分离”，农户通过家庭承包的方式，从集体土地所有权中分离出土地承包经营权。第二次“两权分离”，承包方通过出租（转包）、入股等方式，将承包地流转给他人经营，从土地承包经营权中分离出土地经营权。

本条规定从法律上确认两次“两权分离”造成的经营方式的转变，并赋予受让方以土地经营权，实现法律上的平等保护：

(1) 承包方享有土地承包经营权。土地承包经营权是一种用益物权。承包方享有的土地经营权的具体包括权利包括：依法享有直接支配和排他占有承包地的权利；依法享有承包地使用、收益的权利，有权自主组织生产经营和处置产品；依法互换、转让土地承包经营权；依法流转土地经营权；承包地被依法征收、征用、占用的，有权依法获得相应的补偿；承包期内，发包方不得调整承包地，因自然灾害严重毁损承包地等特殊情形需要个别调整的，应当依照法定程序进行；承包期内，发包方不得收回承包地；等等。

(2) 承包方自己经营。自己经营就是承包户以家庭成员为主要劳动力，在自己所承包的农村土地上直接从事农业生产经营。这是农村土地最主要的经营方式。

(3) 承包方保留土地承包权，流转土地经营权。承包方除自己经营外，还可以通过与他人签订合同，将土地经营权流转给他人，由他人经营。土地经营权是从土地承包经营权中派生出来的新的权利。从法律性质上而言，土地承包经营权人流转土地经营权后，其所享有的土地承包经营权并未发生改变，只是承包方行使土地承包经营权的方式发生了改变而已，从直接行使转变为间接行使。2018 年 12 月 29 日农村土地承包法修改，对“流转”的法律性质进行了修改，流转的对象仅限于流转土地经营权，不再保留土地承包经营权；流转的方式限于转包(出租)、入股或者其他方式，而不再包括互换和转让。土地承包经营权仍可以在本集体经济组织内部互换或者转让。

(4) 受让方享有土地经营权。土地经营权人有权在合同约定的期限内占有农村土地，自主开展农业生产经营并取得收益。具体包括：有权使用流转土地自主从事农业生产经营并获得相应收益；经承包方同意，可依法依规改良土壤、提升地力，建设农业生产、附属、配套设施，并按照合同约定获得合理补偿；经承包方书面同意，并向本集体经济组织备案，土地经营权人可以再流转土地经营权，或者以土地经营权向金融机构融资担保；等等。

▶**条文参见**

《农村土地承包合同管理办法》第 17 条

第十条 土地经营权流转的保护

国家保护承包方依法、自愿、有偿流转土地经营权，保护土地经营权人的合法权益，任何组织和个人不得侵犯。

▶理解与适用

本条明确承包方流转土地经营权的权利受到法律保护，但只是作了原则性规定，对流转土地经营权的保护，其他条文还有配套的具体规定。主要有：本法第17条第3项规定，承包方的权利包括依法流转土地经营权；第36条规定，承包方可以自主决定流转方式；第60条、第61条、第65条等条文还规定了侵害流转土地经营权的法律后果。

保护土地经营权人的合法权益，可以从两个方面来理解：一方面，土地经营权流转的受让方与承包方签订了流转合同，作为合同当事人，土地经营权人的权利受到民法典（合同编）等相关法律的保护。另一方面，受让方通过签订流转合同，合同生效后，即依法取得了土地经营权。

第十一条 土地资源的保护

农村土地承包经营应当遵守法律、法规，保护土地资源的合理开发和可持续利用。未经依法批准不得将承包地用于非农建设。

国家鼓励增加对土地的投入，培肥地力，提高农业生产能力。

▶理解与适用

各级人民政府应当依据国民经济和社会发展规划、国土整治和资源环境保护的要求、土地供给能力以及各项建设对土地的需求，组织编制土地利用总体规划。土地利用总体规划的规划期限由国务院规定。

国家实行永久基本农田保护制度。下列耕地应当根据土地利用总体规划划为永久基本农田，实行严格保护：（1）经国务院农业农村主管部门或者县级以上地方人民政府批准确定的粮、棉、油、糖等重要农产品生产基地内的耕地；（2）有良好的水利与水土保持设施的耕地，正在实施改造计划以及可以改造的中、低产田和已建成的高标准农田；(3) 蔬菜生产基地；(4) 农业科研、教学试验田；(5) 国务院规定应当划为永久基本农田的其他耕地。各省、自治区、直辖市划定的永久基本农田一般应当占本行政区域内耕地的百分之八十以上，具体比例由国务院根据各省、自治区、直辖市耕地实际情况规定。

国家鼓励土地整理。县、乡（镇）人民政府应当组织农村集体经济组织，按照土地利用总体规划，对田、水、路、林、村综合整治，提高耕地质量，增加有效耕地面积，改善农业生产条件和生态环境。地方各级人民政府应当采取措施，改造中、低产田，整治闲散地和废弃地。

作为集体土地的所有人和土地承包的当事人，发包方应当：(1) 监督承包方依照承包合同约定的用途合理利用和保护土地，制止承包方损害承包地和农业资源的行为，如占用永久基本农田发展林果业和挖塘养鱼等。如果承包方给承包地造成永久损害的，发包方有权制止，并有权要求承包方赔偿由此造成的损失。同时，发包方还应当监督土地经营权人损害承包地和农业资源的行为，如果土地经营权人擅自改变土地的农业用途、弃耕抛荒连续两年以上、给土地造成严重损害或者严重破坏土地生态环境，承包方在合理期限内不解除土地经营权流转合同的，发包方有权要求终止土地经营权流转合同。(2) 执行县、乡（镇）土地利用规划，组织本集体经济组织内的农业基础设施建设，对田、水、路、林、村综合整治，提高耕地质量，增加有效耕地面积，改善农业生产条件和生态环境。维护排灌工程设施，改良土壤，提高地力，防止土地荒漠化、盐渍化、水土流失和污染土地。(3) 切实履行承包合同，保证承包方对土地的投入，培肥地力，提高农业生产能力的积极性。例如，耕地的承包期为30年，在承包期内，发包方不得违法收回、调整承包地；在承包期内，承包方交回承包地时，发包方对其在承包地上投入而提高土地生产能力的，发包方应当给予补偿。

承包方应当：(1) 按照承包合同中确定的土地用途使用土

地。承包土地的目的就是从事种植等农业生产，禁止改变农用土地的用途，不得将其用于非农业建设。例如，不得在耕地上建窑、建坟或者擅自在耕地上建房、挖砂、采石、采矿、取土等。从保护耕地的角度，承包方不得占有永久基本农田发展林果业和挖塘养鱼。承包方违法将承包地用于非农建设的，由县级以上人民政府有关部门予以处罚。(2) 增加土地的投入，禁止掠夺性开发。承包方应当合理地增肥地力，这样一方面提高土地生产力，发挥土地最大效益，从而提高农作物的产量，增加自己的收入；另一方面，提高土地质量，保证农业生产的可持续发展，造福子孙后代。(3) 合理利用土地，不得给土地造成永久性损害。例如，为了片面追求短期内的生产效益，有的承包方在承包地上大量施用化肥和农药，结果导致土壤污染，生产能力下降；有的承包方擅自改变农用地的用途，如在耕地上建房、窑等建筑物，对耕地造成难以恢复的损害。承包方给土地造成永久性损害的，应当承担赔偿损失等法律责任。

土地经营权人应当：(1) 按照土地经营权流转合同中确定的土地用途使用土地。土地经营权人有权占有农村土地，自主开展农业生产经营并取得收益，但不得改变土地的农业用途。土地经营权人违法将承包地用于非农建设的，由县级以上地方人民政府有关主管部门依法予以处罚。(2) 增加土地的投入，禁止掠夺性开发。土地经营权人可以依法投资改良土壤，增肥地力，建设农业生产附属、配套设施等，并按照合同约定对其投资部分获得合理补偿。(3) 合理利用土地，不得破坏农业综合生产能力和农业生态环境。如果土地经营权人擅自改变土地的农业用途、弃耕抛荒连续两年以上、给土地造成严重损害或者严重破坏土地生态环境的，承包方可以解除土地经营权流转合同，承包方在合理期限内不解除土地经营权流转合同的，发包方有权要求终止土地经营权流转合同。土地经营权人对土地和土地生态环境造成的损害应当予以赔偿。

▶条文参见

《土地管理法》第 3、4 条；《土地管理法实施条例》第 23－25 条；《草原法》第 3、4、6、7 条；《森林法》第 11 条

第十二条　土地承包管理部门

国务院农业农村、林业和草原主管部门分别依照国务院规定的职责负责全国农村土地承包经营及承包经营合同管理的指导。

县级以上地方人民政府农业农村、林业和草原等主管部门分别依照各自职责，负责本行政区域内农村土地承包经营及承包经营合同管理。

乡（镇）人民政府负责本行政区域内农村土地承包经营及承包经营合同管理。

第二章　家庭承包

第一节　发包方和承包方的权利和义务

第十三条　发包主体

农民集体所有的土地依法属于村农民集体所有的，由村集体经济组织或者村民委员会发包；已经分别属于村内两个以上农村集体经济组织的农民集体所有的，由村内各该农村集体经济组织或者村民小组发包。村集体经济组织或者村民委员会发包的，不得改变村内各集体经济组织农民集体所有的土地的所有权。

国家所有依法由农民集体使用的农村土地，由使用该土地的农村集体经济组织、村民委员会或者村民小组发包。

▶**理解与适用**

农民集体所有的土地发包方的确定有两种情况：

(1) 农民集体所有的土地，依法属于村农民集体所有的，由村集体经济组织或者村民委员会发包。这里的“村”指行政村，即设立村民委员会的村，而不是指自然村。农民集体所有的土地，依法属于村农民集体所有，是指属于行政村农民集体所有。农民集体所有的土地，由村集体经济组织或者村民委员会发包。

(2) 已经分别属于村内两个以上农村集体经济组织的农民集体所有的，由村内各该农村集体经济组织或者村民小组发包。这里的村民小组是指行政村内由村民组成的组织，它是村民自治共同体内部的一种组织形式，相当于原生产队的层次。本条规定“已经分别属于村内两个以上农村集体经济组织的农民集体所有的”土地是指该土地原先分别属于两个以上的生产队，现在其土地仍然分别属于相当于原生产队的各该农村集体经济组织或者村民小组的农民集体所有。已经分别属于村内两个以上农村集体经济组织的农民集体所有的，由村内各该农村集体经济组织或者村民小组发包。

村集体经济组织或者村民委员会发包的，不得改变村内各集体经济组织农民集体所有的土地的所有权。这里的“村内各集体经济组织农民集体所有的土地”是指前面提到的“已经分别属于村内两个以上农村集体经济组织的农民集体所有的”土地。按照“谁所有，谁发包”的原则，应当由村内各该农村集体经济组织或者村民小组发包。但是，许多村民小组也不具备发包的条件，或者由其发包不方便，实践中由村集体经济组织或者村民委员会代为发包。虽然由村集体经济组织或者村民委员会代为发包，但并不能因此改变所有权关系。

国家所有依法由农民集体使用的农村土地，由农村集体经济组织、村民委员会或者村民小组发包。具体由谁发包，应当根据该土地的具体使用情况而定。由村农民集体使用的，由村集体经济组织发包，村集体经济组织未设立的，由村民委员会发包。由村内两个以上集体经济组织的农民集体使用的，由村内各集体经济组织发包，村内各集体经济组织未设立的，由村民小组发包。村内各集体经济组织或者村民小组发包有困难或者不方便的，也可以由村集体经济组织或者村民委员会代为发包。

第十四条 发包方的权利

发包方享有下列权利：

（一）发包本集体所有的或者国家所有依法由本集体使用的农村土地；

（二）监督承包方依照承包合同约定的用途合理利用和保护土地；

（三）制止承包方损害承包地和农业资源的行为；

（四）法律、行政法规规定的其他权利。

▶理解与适用

本条规定的这几项权利分别说明如下：(1) 发包本集体所有的或者国家所有依法由本集体使用的农村土地的权利。这是发包方的发包权，是享有其他权利的前提。发包方可以发包的土地有两类：一类是本集体所有的农村土地，另一类是国家所有依法由本集体使用的农村土地。第二类土地发包人虽然不是所有人，也享有法律赋予的发包权。(2) 监督承包方依照承包合同约定的用途合理利用和保护土地的权利。(3) 制止承包方损害承包地和农业资源的行为的权利。(4) 法律、行政法规规定的其他权利。这是一项兜底的规定。例如，本法第 45 条第 2 款规定："工商企业等社会资本通过流转取得土地经营权的，本集体经济组织可以收取适量管理费用。"

第十五条 发包方的义务

发包方承担下列义务：

（一）维护承包方的土地承包经营权，不得非法变更、解除承包合同；

（二）尊重承包方的生产经营自主权，不得干涉承包方依法进行正常的生产经营活动；

（三）依照承包合同约定为承包方提供生产、技术、信息等服务；

（四）执行县、乡（镇）土地利用总体规划，组织本集体经济组织内的农业基础设施建设；

（五）法律、行政法规规定的其他义务。

▶典型案例指引

某市人民政府与符某某等撤销土地承包经营权证纠纷上诉案（海南省高级人民法院〔2006〕琼行终字第066号）

案件适用要点： 土地承包经营权是我国现行土地管理体制赋予农民长期而有保障的土地使用权制度。维护这一制度，既不能损害土地集体所有这个前提，也不能以各种借口或理由强迫承包方放弃或者变更承包经营权。就本案而言，某村村委会与符某某签订《荒地承包合同》的时间是1997年4月12日，上诉人某市人民政府将该争议地确权给某村委会下属村民小组的时间是2003年2月11日，在长达7年的时间里，各村民小组均未对该合同提出异议。在合同已实际履行，且未经依法解除前，对双方当事人具有法律效力。

▶条文参见

《民法典》第336、337条

第十六条 承包主体和家庭成员平等享有权益

家庭承包的承包方是本集体经济组织的农户。

农户内家庭成员依法平等享有承包土地的各项权益。

▶理解与适用

农村土地家庭承包的承包方是本集体经济组织的农户。需要说明的是：第一，农村集体经济组织的每一个成员都有承包土地的权利，家庭承包中，是按人人有份分配承包地，按户组成一个生产经营单位作为承包方。第二，强调承包方是本集体经济组织的农户主要是针对农村集体的耕地、草地和林地等适宜家庭承包的土地的承包。根据本法第三章规定，不宜采取家庭承包方式的荒山、荒沟、荒滩等农村土地可以通过招标、拍卖、公开协商等方式承包给农户，也可承包给单位或个人，这里的单位或个人可以来自本集体经济组织外。

▶典型案例指引

李某祥诉李某梅继承权纠纷案（《最高人民法院公报》2009 年第 12 期）

案件适用要点：根据《农村土地承包法》第 15 条（现为第 16 条）的规定，农村土地家庭承包的，承包方是本集体经济组织的农户，其本质特征是以本集体经济组织内部的农户家庭为单位实行农村土地承包经营。家庭承包方式的农村土地承包经营权属于农户家庭，而不属于某一个家庭成员。根据《继承法》第 3 条（对应《民法典》第 1122 条）的规定，遗产是公民死亡时遗留的个人合法财产。农村土地承包经营权不属于个人财产，故不发生继承问题。除林地外的家庭承包，当承包农地的农户家庭中的一人或几人死亡，承包经营仍然是以户为单位，承包地仍由该农户的其他家庭成员继续承包经营；当承包经营农户家庭的成员全部死亡，由于承包经营权的取得是以集体成员权为基础，该土地承包经营权归于消灭，不能由该农户家庭成员的继承人继续承包经营，更不能作为该农户家庭成员的遗产处理。

第十七条 承包方的权利

承包方享有下列权利：

（一）依法享有承包地使用、收益的权利，有权自主组织生产经营和处置产品；

（二）依法互换、转让土地承包经营权；

（三）依法流转土地经营权；

（四）承包地被依法征收、征用、占用的，有权依法获得相应的补偿；

（五）法律、行政法规规定的其他权利。

▶理解与适用

根据本条的规定，承包方享有以下权利：

1. 依法享有承包地使用、收益的权利，有权自主组织生产经营和处置产品。

这项权利主要包括以下三个方面的内容：(1) 依法对承包地享有使用的权利。对承包土地的使用不仅表现为进行传统意义上的耕作、种植等，因进行农业生产而修建的必要的附属设施，如建造沟渠、修建水井等构筑物，也应是对承包土地的一种使用。所修建的附属设施的所有权应当归承包人享有。(2) 依法获取承包地收益的权利。收益权就是承包方有获取承包地上产生的收益的权利，这种收益主要是从承包地上种植的农作物以及养殖畜牧中所获得的利益，例如果树产生的果实，粮田里产出的粮食。(3) 自主组织生产经营和处置产品的权利。自主组织生产经营是指农户可以在法律规定的范围内决定如何在土地上进行生产经营，如选择种植的时间、品种等；产品处置权是指农户可以自由决定农产品是否卖，如何卖，卖给谁等。

2. 依法互换、转让土地承包经营权。

承包方承包土地后，可以行使承包经营权，自己经营；也可以将承包地依法互换、转让。

3. 依法流转土地经营权。

承包方对土地经营权依法进行流转有利于农村经济结构的调整，也有利于维护农村土地承包关系的长期稳定。“三权分置”改革的核心问题是家庭承包的承包户在经营方式上发生转变，即由农户自己经营，转变为保留土地承包权，将承包地流转给他人经营，实现土地承包经营权和土地经营权的分离。

4. 承包地被依法征收、征用、占用的，有权依法获得相应的补偿。

征收土地是国家为了社会公共利益的需要，将集体所有的土地转变为国有土地的一项制度。根据《民法典》第243条第2款的规定，征收集体所有的土地，应当依法及时足额支付土地补偿费、安置补助费以及农村村民住宅、其他地上附着物和青苗等的补偿费用，并安排被征地农民的社会保障费用，保障被征地农民的生活，维护被征地农民的合法权益。征用是国家强制使用单位、个人的财产。对于征用，根据《民法典》第245条的规定，因抢险救灾、疫情防控等紧急需要，依照法律规定的权限和程序可以征用组织、个人的不动产或者动产。被征用的不动产或者动产使用后，应当返还被征用人。组织、个人的不动产或者动产被征用或者征用后毁损、灭失的，应当给予补偿。占用是指兴办乡镇企业和村民建设住宅经依法批准使用本集体经济组织农民集体所有的土地或者乡（镇）村公共设施和公益事业建设经依法批准使用农民集体所有土地的行为。

▶条文参见

《民法典》第243、245条；《土地管理法》第30－43条

▶**典型案例指引**

湖南刘某与宁乡县某村一组承包地征收补偿费用分配纠纷抗诉案（2019 年 11 月 28 日全国妇联发布第三届“依法维护妇女儿童权益十大案例”）

案件适用要点：对于农民而言，土地承包经营权和宅基地使用权是法律赋予农户的用益物权，集体收益分配权是农民作为集体经济组织成员应当享有的合法财产权利。这三权是当下农民生存生活最重要的保障，不宜因进城务工农民享受了相关社会保险待遇就剥夺其集体经济组织成员资格，对于没有在其他集体经济组织享受成员权益的出嫁女，更不应剥夺其成员资格。

湖南省人民检察院通过对国家关于非法买卖户籍应当销户处理的政策全面解读和对证据材料的细致分析，认定刘某合法有效的户口一直都是某村一组的农业户口；经过充分论证，依据是否具有该集体经济组织户籍、是否分配了承包土地、是否履行了该集体经济组织成员义务三条原则，认定刘某具有该集体经济组织成员资格，从而依据《最高人民法院关于审理涉及农村土地承包纠纷案件适用法律问题的解释》第 24 条（现为第 22 条）支持刘某参与承包地征收补偿费用分配的权利有力地保护了以刘某为代表的新一代农民工、出嫁女的合法权益。

第十八条 承包方的义务

承包方承担下列义务：

（一）维持土地的农业用途，未经依法批准不得用于非农建设；

（二）依法保护和合理利用土地，不得给土地造成永久性损害；

（三）法律、行政法规规定的其他义务。

▶理解与适用

本条规定承包方应当承担以下义务：

（1）维持土地的农业用途，未经批准不得用于非农建设。这里的“农业用途”是指将土地直接用于农业生产，从事种植业、林业、畜牧业、渔业生产。“非农建设”是指将土地用于农业生产目的以外的建设活动，例如在土地上建造房屋、建造工厂等。需要强调的是，要求承包方维护土地的农业用途，不得用于非农建设，并不是对承包方土地承包经营权的不合理限制。承包方在农业用途的范围内可以自由决定种什么，怎么种，如承包方可以在承包土地上种蔬菜，种粮食，还可以种其他经济作物。

（2）依法保护和合理利用土地，不得给土地造成永久性损害。这里所讲的依法保护土地是指作为土地使用人的承包方对土地生产能力进行保护，保证土地生态环境的良好性能和质量。合理利用土地是指承包方在使用土地的过程中，通过科学使用土地，使土地的利用与其自然的、社会的特性相适应，充分发挥土地要素在生产活动中的作用，以获得最佳的经济、生产、生态的综合效益。具体来说，要做到保护耕地、保护土地生态环境、提高土地利用率、防止水土流失和盐碱化。“永久性损害”是指使土地不再具有生产能力、不能再被利用的损害，例如在土地上过度使用化肥或向土地长期排污，使土地不能被利用。

▶条文参见

《民法典》第 334 条；《土地管理法》第 38 条

第二节　承包的原则和程序

第十九条　土地承包的原则

土地承包应当遵循以下原则：

（一）按照规定统一组织承包时，本集体经济组织成员依法平等地行使承包土地的权利，也可以自愿放弃承包土地的权利；

（二）民主协商，公平合理；

（三）承包方案应当按照本法第十三条的规定，依法经本集体经济组织成员的村民会议三分之二以上成员或者三分之二以上村民代表的同意；

（四）承包程序合法。

▶理解与适用

根据本条的规定，土地承包应当遵循以下四个原则：

(1) 按照规定统一组织承包时，本集体经济组织成员依法平等地行使承包土地的权利，也可以自愿放弃承包土地的权利。这里的“平等”主要体现在两个方面：一是本集体经济组织的成员平等地享有承包本集体经济组织土地的权利，无论男女老少、体弱病残。二是本集体经济组织成员在承包过程中平等地行使承包本集体经济组织土地的权利，发包方应当平等地对待每一个本集体经济组织成员承包土地的权利。这主要体现在承包过程中，发包方不能厚此薄彼、亲亲疏疏，不能对本集体经济组织成员实行差别对待。

本集体经济组织成员对土地承包的权利一方面体现在依法平等地享有和行使承包土地的权利，另一方面体现在自愿放弃承包土地的权利。

(2) 民主协商，公平合理。这里的“公平合理”要求本集体经济组织成员之间所承包的土地在土质的好坏、离居住地距离的远近、离水源的远近等方面不能有太大的差别。

(3) 承包方案应当按照本法第13条的规定，依法经本集体经济组织成员的村民会议三分之二以上成员或者三分之二以上村民代表的同意。本集体经济组织成员的村民会议依法选举产生的承包工作小组，应当依照法律、法规的规定拟订承包方案，并在本集体经济组织范围内公示不少于十五日。承包方案由承包工作小组公开组织实施。承包方案应当符合下列要求：

①内容合法；②程序规范；③保障农村集体经济组织成员合法权益；④不得违法收回、调整承包地；⑤法律、法规和规章规定的其他要求。

（4）承包程序合法。承包中，承包程序应当符合法律的规定，违反法律规定的承包程序进行的承包是无效的。

第二十条 土地承包的程序

土地承包应当按照以下程序进行：

（一）本集体经济组织成员的村民会议选举产生承包工作小组；

（二）承包工作小组依照法律、法规的规定拟订并公布承包方案；

（三）依法召开本集体经济组织成员的村民会议，讨论通过承包方案；

（四）公开组织实施承包方案；

（五）签订承包合同。

▶理解与适用

根据本条的规定，土地承包应当依照以下程序进行：

（1）本集体经济组织成员的村民会议选举产生承包工作小组。（2）承包工作小组依照法律、法规的规定拟订并公布承包方案。（3）依法召开本集体经济组织成员的村民会议，讨论通过承包方案。根据本法第19条第3项的规定，承包方案应当按照本法第13条的规定，依法经本集体经济组织的村民会议三分之二以上成员或者三分之二以上村民代表同意。（4）公开组织实施承包方案。（5）签订承包合同。

根据本法第22条的规定，承包合同一般包括以下条款：（1）发包方、承包方的名称，发包方负责人和承包方代表的姓名、住所；（2）承包土地的名称、坐落、面积、质量等级；（3）承包期限和起止日期；（4）承包土地的用途；（5）发包方和承包方的权利义务；(6) 违约责任。承包合同自双方当事人签名、盖章或者按指印时成立，承包合同自成立之日起生效，承包方自承包合同生效时取得土地承包经营权。

第三节　承包期限和承包合同

第二十一条　承包期限

耕地的承包期为三十年。草地的承包期为三十年至五十年。林地的承包期为三十年至七十年。

前款规定的耕地承包期届满后再延长三十年，草地、林地承包期届满后依照前款规定相应延长。

▶理解与适用

承包期限是指农村土地承包经营权存续的期间，在此期间内，承包方享有土地承包经营权，依照法律的规定和合同的约定，行使权利，承担义务。

我国对土地实行用途管理制度。土地管理法按照土地的用途，将土地划分为农用地、建设用地和未利用地，其中，农用地又包括耕地、林地、草地、农田水利用地和养殖水面等。本条第 1 款根据我国农村土地家庭承包的实际情况，对不同用途的土地的承包期作出规定。(1) 耕地。耕地是指种植农作物的土地，包括灌溉水田、望天田 (又称天水田)、水浇地、旱地和菜地。我国农村实行土地承包经营制度的土地主要是耕地。(2) 草地、林地。草地是指以生长草本植物为主，用于畜牧业的土地，包括天然草地、改良草地和人工草地。草原是草地的主体。林地是指生长乔木、竹类、灌木、沿海红树林的土地，包括有林地、灌木林地、疏林地、未成林造林地以及迹地和苗圃等。

根据本条第 2 款的规定，草地、林地的承包期届满后，比照耕地承包期届满后再延长三十年的规定，作相应延长。例如，如果草地、林地的现承包期为四十年，该承包期届满后再延长四十年；如果草地、林地的现承包期为五十年，该承包期届满后再延长五十年。

第二十二条　承包合同

发包方应当与承包方签订书面承包合同。

承包合同一般包括以下条款：

（一）发包方、承包方的名称，发包方负责人和承包方代表的姓名、住所；

（二）承包土地的名称、坐落、面积、质量等级；

（三）承包期限和起止日期；

（四）承包土地的用途；

（五）发包方和承包方的权利和义务；

（六）违约责任。

▶理解与适用

土地承包合同是发包方与承包方之间达成的，关于农村土地承包权利义务关系的协议。根据本法的规定，土地承包合同具有以下特征：

（1）合同的主体是法定的。发包方是与农民集体所有土地范围一致的农村集体经济组织、村委会或者村民小组。即土地依法属于村农民集体所有的，由村集体经济组织或者村民委员会发包；已经分别属于村内两个以上农村集体经济组织的农民集体所有的，由村内各该农村集体经济组织或者村民小组发包。国家所有依法由农民集体使用的农村土地，由使用该土地的农村集体经济组织、村民委员会或者村民小组发包。承包方是本集体经济组织的农户。

（2）合同内容受到法律规定的约束，有些内容不允许当事人自由约定。例如，对于耕地的承包期，本法明确规定为三十年，并且耕地承包期届满后再延长三十年。再如，对于承包地的收回等，法律都有明确规定。这些内容都不允许当事人自由约定。

(3) 土地承包合同是双务合同。发包方应当尊重承包方的生产经营自主权，为承包方提供生产、技术、信息等服务，有权对承包方进行监督等；承包方对承包地享有占有、使用、收益和流转的权利，其应维持土地的农业用途，保护和合理利用土地等。

(4) 合同属于要式合同。双方当事人签订承包合同应当采用书面形式。

承包合同应当符合下列要求：(1) 文本规范；(2) 内容合法；(3) 双方当事人签名、盖章或者按指印；(4) 法律、法规和规章规定的其他要求。

▶条文参见

《民法典》第 333 条第 1 款；《农村土地承包合同管理办法》第 10 条第 1 款

▶典型案例指引

蔡某某等与佛山市三水区某村村委会农村土地承包合同纠纷上诉案（广东省佛山市中级人民法院〔2004〕佛中法民一终字第 239 号）

案件适用要点：本案当事人持有的《鱼塘使用证》是当时的乡人民政府对其投资投劳开挖的土名为“勒基坑”的鱼塘所享有的使用权的确认，符合当时国家有关政策的要求，但《鱼塘使用证》并不是承包合同，承包合同是发包方和承包方之间设立、变更、终止土地承包权利义务关系的协议，《鱼塘使用证》并不具有承包合同的法律特征。

第二十三条 承包合同的生效

承包合同自成立之日起生效。承包方自承包合同生效时取得土地承包经营权。

▶理解与适用

合同的成立是指订约当事人就合同的主要内容形成合意。合同的生效是指合同产生法律约束力。本条主要明确了承包合同的生效时间。同时，考虑到我国农村土地承包的实际情况，明确了承包经营权的取得以合同生效为前提，不以登记为生效的要件。

此外，本条主要是从承包合同生效时间的角度予以规定，但承包合同要实际产生法律约束力，还不能有法律规定的合同无效等事由。对此，民法典作出了明确规定。《民法典》第155条规定，无效的或者被撤销的民事法律行自始没有法律约束力。对合同在哪些情形下可以认定无效或者可以被撤销，民法典作出了详细规定，这些规定也适用于土地承包合同。《民法典》第143条规定，具备下列条件的民事法律行为有效：(1) 行为人具有相应的民事行为能力；(2) 意思表示真实；(3) 不违反法律、行政法规的强制性规定，不违背公序良俗。

第二十四条 土地承包经营权登记

国家对耕地、林地和草地等实行统一登记，登记机构应当向承包方颁发土地承包经营权证或者林权证等证书，并登记造册，确认土地承包经营权。

土地承包经营权证或者林权证等证书应当将具有土地承包经营权的全部家庭成员列入。

登记机构除按规定收取证书工本费外，不得收取其他费用。

▶理解与适用

对于本条第1款需要从以下三个方面予以把握：一是关于土地承包经营权登记制度与土地承包经营权设立的关系。土地承包经营权的设立，没有采用登记生效主义，即不以登记为生效的要件。二是国家实行土地承包经营权统一登记制度，由统一的登记机构对耕地、林地、草地等进行登记。三是关于发放证书、登记造册。土地承包经营权证书、林权证等证书，是承包方享有土地承包经营权的法律凭证。承包方签订承包合同，取得土地承包经营权后，登记机构应当向土地承包经营权人发放土地承包经营权证、林权证等证书，并登记造册，将土地的使用权属、用途、面积等情况登记在专门的簿册上，以确认土地承包经营权。

▶条文参见

《民法典》第333条第2款

第二十五条 承包合同的稳定性

承包合同生效后，发包方不得因承办人或者负责人的变动而变更或者解除，也不得因集体经济组织的分立或者合并而变更或者解除。

▶理解与适用

根据本法的规定，发包方是集体经济组织、村委会或者村民小组。承包合同是发包方与承包方签订的。承办人或者负责人只是发包方的法定代表人或者代理人，并不等同于发包方。承办人或者负责人的变动并不构成对合同的实质性变更。

发包方不得因集体经济组织的分立或者合并而变更或者解除承包合同。分立是指一个集体经济组织被分为两个以上新的组织，原组织的权利义务由新的集体经济组织承担。合并一般是指两种情况：一是指两个以上组织合并成为一个新的组织，由新的组织承担被合并的组织的权利义务。另一种情况是指一个组织被撤销后，将其权利义务一并转让给另一个组织。

承包期内，出现下列情形之一的，承包合同变更：(1) 承包方依法分立或者合并的；(2) 发包方依法调整承包地的；

(3) 承包方自愿交回部分承包地的；(4) 土地承包经营权互换的；(5) 土地承包经营权部分转让的；(6) 承包地被部分征收的；(7) 法律、法规和规章规定的其他情形。承包合同变更的，变更后的承包期限不得超过承包期的剩余期限。

承包期内，出现下列情形之一的，承包合同终止：(1) 承包方消亡的；(2) 承包方自愿交回全部承包地的；(3) 土地承包经营权全部转让的；(4) 承包地被全部征收的；(5) 法律、法规和规章规定的其他情形。

▶条文参见

《农村土地承包合同管理办法》第13、14条

第二十六条 严禁国家机关及其工作人员利用职权干涉农村土地承包或者变更、解除承包合同

国家机关及其工作人员不得利用职权干涉农村土地承包或者变更、解除承包合同。

▶理解与适用

本条规定的违法行为的主体是国家机关及其工作人员。国家机关是指国家的权力机关、监察机关、行政机关、司法机关以及军事机关，包括各级人大及其常委会，各级监察委员会、各级人民政府，各级法院、检察院等。国家机关工作人员是指在国家机关中从事公务的人员，即在国家机关中行使一定职权、履行一定职务的人员。

对于国家机关及其工作人员干涉土地承包，变更、解除承包合同应当承担的法律责任，依照本法"争议的解决和法律责任"一章第65条的规定，国家机关及其工作人员有利用职权干涉农村土地承包，变更、解除承包合同，给承包方造成损失的，应当承担损害赔偿等责任；情节严重的，由上级机关或者所在单位给予直接责任人员处分；构成犯罪的，依法追究刑事责任。

第四节　土地承包经营权的保护和互换、转让

第二十七条　承包期内承包地的交回和收回

承包期内，发包方不得收回承包地。

国家保护进城农户的土地承包经营权。不得以退出土地承包经营权作为农户进城落户的条件。

承包期内，承包农户进城落户的，引导支持其按照自愿有偿原则依法在本集体经济组织内转让土地承包经营权或者将承包地交回发包方，也可以鼓励其流转土地经营权。

承包期内，承包方交回承包地或者发包方依法收回承包地时，承包方对其在承包地上投入而提高土地生产能力的，有权获得相应的补偿。

▶理解与适用

根据本条第1款的规定，除法律对承包地的收回有特别规定外，在承包期内，无论承包方发生什么样的变化，只要作为承包方的家庭还存在，发包方都不得收回承包地。例如，承包方家庭中的一人或者数人死亡的；子女升学、参军或者在城市就业的；妇女结婚，在新居住地未取得承包地的；承包方在农村从事各种非农产业的等，只要作为承包方的农户家庭没有消亡，发包方都不得收回其承包地。

根据本条第2款、第3款的规定，承包农户即使全家都进城落户，不管是否纳入城镇住房和社会保障体系，也不管是否丧失农村集体经济组织成员身份，其进城落户前所取得的农村土地承包经营权仍然受国家保护。农户进城落户后，其所取得的土地承包经营权不受任何影响。农户既可以根据自己的意愿，并按照农业生产季节回来耕作；也可以根据本法第34条的规定按照自愿有偿原则依法在本集体经济组织内转让土地承包经营权；还可以根据本法第二章第五节的规定向他人流转土地经营

权；当然，如果农户自愿将承包地交回发包方，也是允许的。

本条第4款规定，承包期内，承包方交回承包地或者发包方依法收回承包地时，承包方对其在承包地上投入而提高土地生产能力的，有权获得相应的补偿。例如，承包方对盐碱度较高的土地或者荒漠化的土地进行治理，使其成为较为肥沃的土地，在交回承包地时，发包方应当对承包方因治理土地而付出的投入给予相应的经济补偿。

▶条文参见

《土地管理法》第37条

▶典型案例指引

陈某棕诉某村一组、某村村委会征地补偿款分配纠纷案（《最高人民法院公报》2005年第10期）

案件适用要点：依照《土地管理法》第14条（现为第13条）和《农村土地承包法》第26条（现为第27条）的规定，承包土地的农民到小城镇落户后，其土地承包经营权可以保留或者依法流转；该土地如果被征用，承包土地的农民有权获得征地补偿款。

第二十八条　承包期内承包地的调整

承包期内，发包方不得调整承包地。

承包期内，因自然灾害严重毁损承包地等特殊情形对个别农户之间承包的耕地和草地需要适当调整的，必须经本集体经济组织成员的村民会议三分之二以上成员或者三分之二以上村民代表的同意，并报乡（镇）人民政府和县级人民政府农业农村、林业和草原等主管部门批准。承包合同中约定不得调整的，按照其约定。

▶理解与适用

关于本条第2款规定的“本集体经济组织成员的村民会议”，考虑到土地所有者和发包主体的不同，并根据本法第13

条的规定，如果土地是由村集体经济组织或者村民委员会发包的，这里的“村民会议”应当指村集体范围内的村民会议，即由村集体经济组织成员组成的村民会议；如果土地是由村内各集体经济组织或者村民小组发包的，这里的“村民会议”应当指村民小组范围内的村民会议，即由村民小组成员组成的村民会议。“村民会议三分之二以上成员”应当指组成村民会议的全体成员的三分之二以上成员；“三分之二以上村民代表”应当指由村民代表组成的村民会议的全体代表的三分之二以上代表。

第二十九条　用于调整承包土地或者承包给新增人口的土地

下列土地应当用于调整承包土地或者承包给新增人口：

（一）集体经济组织依法预留的机动地；

（二）通过依法开垦等方式增加的；

（三）发包方依法收回和承包方依法、自愿交回的。

►理解与适用

本条规定的应当用于调整承包土地或者承包给新增人口的土地包括：(1) 集体经济组织依法预留的机动地。机动地是发包方在发包土地时，预先留出的不作为承包地的少量土地，用于解决承包期内的人地矛盾问题。(2) 通过依法开垦等方式增加的土地。主要是指通过开垦未利用地，如开垦荒地而增加的土地。(3) 发包方依法收回和承包方依法、自愿交回的土地。本法第 27 条、第 30 条、第 31 条等条文对发包方依法收回承包地和承包方依法、自愿交回承包地等作了明确规定。

第三十条　承包期内承包方自愿将承包地交回发包方的处理

承包期内，承包方可以自愿将承包地交回发包方。承包方自愿交回承包地的，可以获得合理补偿，但是应当提前半年以书面形式通知发包方。承包方在承包期内交回承包地的，在承包期内不得再要求承包土地。

▶理解与适用

根据《农村土地承包合同管理办法》第18条的规定，承包方自愿将部分或者全部承包地交回发包方的，承包方与发包方在该土地上的承包关系终止，承包期内其土地承包经营权部分或者全部消灭，并不得再要求承包土地。承包方自愿交回承包地的，应当提前半年以书面形式通知发包方。承包方对其在承包地上投入而提高土地生产能力的，有权获得相应的补偿。交回承包地的其他补偿，由发包方和承包方协商确定。

第三十一条　妇女婚姻关系变动对土地承包的影响

承包期内，妇女结婚，在新居住地未取得承包地的，发包方不得收回其原承包地；妇女离婚或者丧偶，仍在原居住地生活或者不在原居住地生活但在新居住地未取得承包地的，发包方不得收回其原承包地。

▶理解与适用

本条规定主要包括以下内容：（1）承包期内，妇女结婚的，妇女嫁入方所在村应当尽量解决其土地承包问题。如果当地既没有富余的土地，也不进行小调整，而是实行“增人不增地，减人不减地”的办法，则出嫁妇女原籍所在地的发包方不得收回其原承包地。(2）妇女离婚或者丧偶，仍在原居住地生活的，其已取得的承包地应当由离婚或者丧偶妇女继续承包，发包方不得收回；不在原居住地生活的，新居住地的集体经济组织应当尽量为其解决承包土地问题，如可以在依法进行小调整时分给离婚或者丧偶妇女一份承包地，离婚或者丧偶妇女在新居住地未取得承包地的，原居住地的发包方不得收回其原承包地。

▶典型案例指引

杨甲与杨乙等农村土地承包合同纠纷上诉案（云南省昆明市中级人民法院〔2008〕昆民一终字第423号）

案件适用要点：被上诉人作为争议土地家庭承包户的成员，因出嫁在新居住地未取得土地的情况下，对原有承包地继续承包，符合《农村土地承包法》第30条（现为第31条）“承包期内，妇女结婚，在新居住地未取得承包地的，发包方不得收回其原承包地；妇女离婚或者丧偶，仍在原居住地生活或者不在原居住地生活但在新居住地未取得承包地的，发包方不得收回其原承包地”的规定，且该承包得到了发包人的同意，被上诉人有权继续承包该争议土地。因本案争议土地系以家庭承包的方式所取得，虽然部分承包人已经死亡，但其余承包人尚在，就争议土地的承包经营权并不发生继承。

第三十二条　承包收益和林地承包权的继承

承包人应得的承包收益，依照继承法的规定继承。

林地承包的承包人死亡，其继承人可以在承包期内继续承包。

▶理解与适用

关于土地承包经营权能否继承的问题，首先应当明确的是，家庭承包的承包方是本集体经济组织的农户。家庭中部分成员死亡的，由于作为承包方的户还存在，因此不发生继承的问题，由家庭中的其他成员继续承包。只有在因家庭成员全部死亡而导致承包方消亡的情况下，才存在是否允许继承的问题。对家庭成员全部死亡而导致承包方消亡的，其承包地不允许继承，应当由集体经济组织收回，并严格用于解决人地矛盾。

承包地虽然不允许继承，但承包人应得的承包收益，如已收获的粮食、未收割的农作物等，作为承包人的个人财产，则应当依照民法典继承编的规定继承。继承人可以是本集体经济组织的成员，也可以不是本集体经济组织的成员。承包人应得的承包收益，自承包人死亡时开始继承，而不必等到承包经营的家庭消亡时才开始继承。

上述继承的问题，主要是指耕地和草地，关于林地能否继承的问题，本条第 2 款规定："林地承包的承包人死亡，其继承人可以在承包期内继续承包"。

根据《农村土地承包合同管理办法》第 19 条第 2 款、第 3 款、第 4 款的规定，土地承包经营权互换的，应当签订书面合同，并向发包方备案。承包方提交备案的互换合同，应当符合下列要求：(1) 互换双方是属于同一集体经济组织的农户；(2) 互换后的承包期限不超过承包期的剩余期限；(3) 法律、法规和规章规定的其他事项。互换合同备案后，互换双方应当与发包方变更承包合同。

第三十三条 土地承包经营权的互换

承包方之间为方便耕种或者各自需要，可以对属于同一集体经济组织的土地的土地承包经营权进行互换，并向发包方备案。

▶理解与适用

土地承包经营权互换是指土地承包经营权人将自己的土地承包经营权交换给他人行使，自己行使从他人处换来的土地承包经营权。权利交换后，原有的发包方与承包方的关系，变为发包方与互换后的承包方的关系，双方的权利义务同时作出相应的调整。

需要注意的是：第一，土地承包经营权互换只是土地承包经营权人改变，不是土地用途及承包义务的改变，互换后的土地承包经营权人仍然要按照发包时确定的该土地的用途使用土地，履行该地块原来负担的义务。例如，发包时确定某地块用于种植粮食作物，承包经营权互换后不能用于开挖鱼塘。第二，家庭承包的土地，不仅涉及不同集体经济组织的土地权属，也关系农户的生存保障。因此，承包方只能与属于同一集体经济组织的农户互换土地承包经营权，不能与其他集体经济组织的农户互换土地承包经营权。

根据《农村土地承包合同管理办法》第19条第2款、第3款、第4款的规定，土地承包经营权互换的，应当签订书面合同，并向发包方备案。承包方提交备案的互换合同，应当符合下列要求：(1)互换双方是属于同一集体经济组织的农户；(2)互换后的承包期限不超过承包期的剩余期限；(3)法律、法规和规章规定的其他事项。互换合同备案后，互换双方应当与发包方变更承包合同。

第三十四条 土地承包经营权的转让

经发包方同意，承包方可以将全部或者部分的土地承包经营权转让给本集体经济组织的其他农户，由该农户同发包方确立新的承包关系，原承包方与发包方在该土地上的承包关系即行终止。

▶理解与适用

土地承包经营权转让是指土地承包经营权人将其拥有的未到期的土地承包经营权以一定的方式和条件移转给他人的行为。土地承包经营权的受让对象只能是本集体经济组织的成员。

承包方转让土地承包经营权的，应当以书面形式向发包方提交申请。发包方同意转让的，承包方与受让方应当签订书面合同；发包方不同意转让的，应当于七日内向承包方书面说明理由。发包方无法定理由的，不得拒绝同意承包方的转让申请。未经发包方同意的，土地承包经营权转让合同无效。土地承包经营权转让合同，应当符合下列要求：(1)受让方是本集体经济组织的农户；(2)转让后的承包期限不超过承包期的剩余期限；(3)法律、法规和规章规定的其他事项。土地承包经营权转让后，受让方应当与发包方签订承包合同。原承包方与发包方在该土地上的承包关系终止，承包期内其土地承包经营权部分或者全部消灭，并不得再要求承包土地。

承包合同订立、变更和终止的，应当开展土地承包经营权调查。土地承包经营权调查，应当查清发包方、承包方的名称，发包方负责人和承包方代表的姓名、身份证号码、住所，承包方家庭成员，承包地块的名称、坐落、面积、质量等级、土地用途等信息。

▶条文参见

《民法典》第 334 条；《农村土地承包合同管理办法》第 20、26－31 条

第三十五条　土地承包经营权互换、转让的登记

土地承包经营权互换、转让的，当事人可以向登记机构申请登记。未经登记，不得对抗善意第三人。

▶理解与适用

本条对于土地承包经营权的互换、转让采用登记对抗主义。也就是说，当事人签订土地承包经营权的互换、转让合同，并经发包方备案或者同意后，该合同即发生法律效力，不强制当事人登记。

未经登记，不能对抗善意第三人。也就是说，不登记将产生不利于土地承包经营权受让人的法律后果。例如，承包户 **A** 将某块土地的承包经营权转让给 **B**，但没有办理变更登记。之后，**A** 又将同一块地的承包经营权转让给 **C**，同时办理了变更登记。如果 **B** 与 **C** 就该块土地的承包经营权发生纠纷，由于 **C** 取得土地承包经营权并进行了登记，他的权利将受到保护。**B** 将不能取得该地块的土地承包经营权。

第五节　土地经营权

第三十六条　土地经营权设立

承包方可以自主决定依法采取出租（转包）、入股或者其他方式向他人流转土地经营权，并向发包方备案。

▶理解与适用

[土地经营权设立的主体]

设立土地经营权的主体就是承包方和受让方，双方经过协商一致以合同方式设立土地经营权。农村土地经营权流转是在承包方与发包方承包关系保持不变的前提下，承包方依法在一定期限内将土地经营权部分或者全部交由他人自主开展农业生产经营的行为。

土地经营权流转的受让方应当为具有农业经营能力或者资质的组织和个人。在同等条件下，本集体经济组织成员享有优先权。

[土地经营权设立的客体]

《农村土地经营权流转管理办法》第34条第1款规定，本办法所称农村土地，是指除林地、草地以外的，农民集体所有和国家所有依法由农民集体使用的耕地和其他用于农业的土地。

[土地经营权设立的原则]

土地经营权流转应当坚持农村土地农民集体所有、农户家庭承包经营的基本制度，保持农村土地承包关系稳定并长久不变，遵循依法、自愿、有偿原则，任何组织和个人不得强迫或者阻碍承包方流转土地经营权。

土地经营权流转不得损害农村集体经济组织和利害关系人的合法权益，不得破坏农业综合生产能力和农业生态环境，不得改变承包土地的所有权性质及其农业用途，确保农地农用，优先用于粮食生产，制止耕地“非农化”、防止耕地“非粮化”。

[土地经营权设立的方式]

根据本条的规定，承包方可以采取出租（转包）、入股或者其他方式向他人流转土地经营权。具体而言，土地经营权设立的方式可以分为三类：

(1) 出租（转包）。是指承包方将部分或者全部土地经营权，租赁给他人从事农业生产经营。

（2）入股。是指承包方将部分或者全部土地经营权作价出资，成为公司、合作经济组织等股东或者成员，并用于农业生产经营。

（3）其他方式。其他方式就是出租、入股之外的方式，如根据本法第47条的规定，承包方可以用承包地的土地经营权向金融机构融资担保。这也是一种设立土地经营权的方式。在当事人以土地经营权设定担保物权时，一旦债务人未能偿还到期债务，担保物权人有权就土地经营权优先受偿。

[土地经营权设立的程序要求]

根据本条的规定，土地经营权的设立应当向发包方备案。所谓备案就是以书面形式告知集体经济组织土地经营权设立的事实。备案的义务主体是承包方，即设立土地经营权的农户，而不是受让方。接受备案的一方是发包方。根据本法第13条的规定，农民集体所有的土地依法属于村农民集体所有的，由村集体经济组织或者村民委员会发包；已经分别属于村内两个以上农村集体经济组织的农民集体所有的，由村内各该农村集体经济组织或者村民小组发包。因此，承包方应当根据承包时的实际情况，依法向相应的发包方备案：由本村集体经济组织发包的，就应当向本村集体经济组织备案；由本小组集体经济组织发包的，则应当向本小组集体经济组织备案；由村民委员会代为发包的，就应当报村民委员会备案。

▶条文参见

《民法典》第339条；《农村土地经营权流转管理办法》第1－16条

第三十七条　土地经营权人的基本权利

土地经营权人有权在合同约定的期限内占有农村土地，自主开展农业生产经营并取得收益。

▶理解与适用

土地经营权是受让方根据流转合同的约定对承包方承包的农村土地依法占有，并利用其开展农业生产经营并取得收益的权利。

(1) 权利的主体。土地经营权的权利主体就是根据土地经营权流转合同取得土地经营权的自然人或者组织。(2) 权利的客体。土地经营权的客体就是农村土地。(3) 权利的取得。土地经营权是由承包方通过一定的民事法律行为设立的，这种民事法律行为就是与受让方签订土地经营权流转合同。(4) 权利的期限。土地承包经营权是一种用益物权，而且是有期限物权。根据本法的规定，土地经营权流转的期限不得超过承包期的剩余期限。这里的不得超过就是当事人可以根据合同约定土地经营权的最长期限，可以是一年、二年、三年、五年或者十年等，只要不超过承包期的剩余期限即可。(5) 权利的消灭。土地经营权是有期限的权利，因此一旦双方约定的流转期限届满，土地经营权人的权利自然因到期而消灭。土地经营权也可能因为土地经营权流转合同的解除、被撤销或者宣告无效等事由而解除。

▶条文参见

《民法典》第 340 条

第三十八条 土地经营权流转的原则

土地经营权流转应当遵循以下原则：

（一）依法、自愿、有偿，任何组织和个人不得强迫或者阻碍土地经营权流转；

（二）不得改变土地所有权的性质和土地的农业用途，不得破坏农业综合生产能力和农业生态环境；

（三）流转期限不得超过承包期的剩余期限；

（四）受让方须有农业经营能力或者资质；

（五）在同等条件下，本集体经济组织成员享有优先权。

▶理解与适用

土地经营权流转“不得改变土地所有权的性质”进一步明确了土地经营权流转的性质不是买卖土地，土地经营权人获得的仅仅是经营土地的权利，而非土地所有权。土地经营权人只能依法占有、使用承包地并获取收益，不得擅自处分承包地。

农业综合生产能力是指一定地区、一定时期和一定社会经济技术条件下，通过具体生产过程的组织和土地、劳力、资金、科技、管理等农业生产诸要素综合投入所形成的，并可以相对稳定地实现的农业综合产出水平，包括农业生产要素投入能力、农业生产产出能力、农田设施保障和抗御自然灾害能力等。不得破坏农业综合生产能力，就是在利用承包地开展农业生产经营获取收益时，必须确保土地、水等自然资源的可持续利用，确保农产品的实际产量不降低，确保农业设施能够抵抗自然灾害等。

▶典型案例指引

1. 何某某与关某某等土地承包经营权转包合同纠纷上诉案（黑龙江省齐齐哈尔市中级人民法院〔2010〕齐民一终字第302号）

案件适用要点：何某某与关某某、关某某与于某某之间签订土地承包合同所涉及土地，系何某某第二轮土地承包时分得的承包田，合同履行期限应为第二轮土地承包结束，而何某某与关某某、关某某与于某某之间签订土地承包合同约定履行期限为终生，故双方对合同履行期限约定无效，履行期限应至第二轮土地承包期结束时止。

2. 李某某与郭某等土地承包经营权纠纷上诉案（昆明市中级人民法院〔2009〕昆民一终字第188号）

案件适用要点：根据《农村土地承包法》第33条（现为第38条）“土地承包经营权流转应当遵循以下原则：……（二）不

得改变土地所有权的性质和土地的农业用途……”的规定，本案中，上诉人李某某与被上诉人郭某约定，由被上诉人郭某使用上诉人李某某家位于某村地名“大板田”的承包责任田堆放原煤，但未约定使用期限。之后，被上诉人郭某向上诉人李某某支付了3000元作为使用该承包责任田的费用。由此，双方之间已形成合同关系，但由于该合同中关于承包责任田的用途约定系用于非农业建设，故上诉人李某某与被上诉人郭某口头达成的土地承包经营权流转协议因违反法律的禁止性规定而系无效协议。

第三十九条　土地经营权流转价款

土地经营权流转的价款，应当由当事人双方协商确定。流转的收益归承包方所有，任何组织和个人不得擅自截留、扣缴。

▶典型案例指引

某村村委会某村民小组与王某某土地承包侵权纠纷上诉案（海南省海南中级人民法院〔2006〕海南民三终字第207号）

案件适用要点： 王某某对其承包的潭风坡6亩土地享有合法的使用、收益的权利。某村民小组未经王某某的同意，擅自将该承包地潭风坡6亩发包给某镇政府经营，侵犯了王某某的合法权益，理应承担民事责任。现王某某在案件审理中同意其在潭风坡的6亩承包地有偿租给某镇人民政府开发经营10年合法合理，但某镇人民政府在承包经营期限内的12000元承包金，按照有关法律规定应全部归属于王某某所得，某村民小组不得侵犯、不得擅自截留、扣缴承包金。故某村民小组应将租金6000元退还给王某某。该地在某镇政府承包期满后，按《农村集体土地承包经营权证书》上的承包期限约定，王某某可以再继续承包经营至期限届满。

第四十条 土地经营权流转合同

土地经营权流转，当事人双方应当签订书面流转合同。

土地经营权流转合同一般包括以下条款：

（一）双方当事人的姓名、住所；

（二）流转土地的名称、坐落、面积、质量等级；

（三）流转期限和起止日期；

（四）流转土地的用途；

（五）双方当事人的权利和义务；

（六）流转价款及支付方式；

（七）土地被依法征收、征用、占用时有关补偿费的归属；

（八）违约责任。

承包方将土地交由他人代耕不超过一年的，可以不签订书面合同。

▶理解与适用

需要注意的是，本条第3款规定，承包方将土地交由他人代耕不超过一年的，可以不签订书面合同。代耕就是将承包方承包地交由自己的亲朋好友代为耕种。承包方这样做一般是为避免土地撂荒，而且不少是无偿的。但是，考虑到有的代耕期限较长，为了避免纠纷，明确双方的权利义务关系，代耕超过一年的，还是应当签订书面合同。

▶条文参见

《农村土地经营权流转管理办法》第17－19条

第四十一条 土地经营权流转的登记

土地经营权流转期限为五年以上的，当事人可以向登记机构申请土地经营权登记。未经登记，不得对抗善意第三人。

▶理解与适用

根据《民法典》第341条的规定，流转期限为五年以上的土地经营权，自流转合同生效时设立。

根据《民法典》第341条及本条的规定，土地经营权未经登记不得对抗善意第三人。所谓善意第三人就是不知道也不应当知道承包地上设有土地经营权的人。登记后的土地经营权相对于债权而言同样具有优先效力。例如，甲将自己的承包地流转给乙后，乙未申请土地经营权登记。事后，甲又与丙签订土地经营权流转合同，并对于甲已经与乙签订流转合同并不知情，并申请土地经营权登记。之后，当事人之间因为土地使用发生纠纷。此时，丙的土地经营权因申请登记具有对抗效力，因此可以对抗乙的债权。从权利保护的角度而言，申请土地经营权登记对于土地经营权人具有更强的保护力。

第四十二条 土地经营权流转合同单方解除权

承包方不得单方解除土地经营权流转合同，但受让方有下列情形之一的除外：

（一）擅自改变土地的农业用途；

（二）弃耕抛荒连续两年以上；

（三）给土地造成严重损害或者严重破坏土地生态环境；

（四）其他严重违约行为。

▶理解与适用

本条没有规定承包方行使单方解除权的具体方式和程序要求。因此，承包方要解除土地经营权流转合同，还应当遵守民法典合同编有关解除权的规定。一方面，解除权应当在法定或者约定的期限内行使。另一方面，行使解除权还应按照一定的方式。本条规定，当事人根据约定解除权和法定解除权主张解除合同的，应当通知对方。合同自通知到达对方时解除。

有以上规定的情形，承包方在合理期限内不解除土地经营权流转合同的，发包方有权要求终止土地经营权流转合同。受让方对土地和土地生态环境造成的损害应当依法予以赔偿。

▶条文参见

《农村土地经营权流转管理办法》第20条

第四十三条　土地经营权受让方依法投资并获得补偿

经承包方同意，受让方可以依法投资改良土壤，建设农业生产附属、配套设施，并按照合同约定对其投资部分获得合理补偿。

▶理解与适用

经承包方同意，受让方依法投资改良土壤，建设农业生产附属、配套设施，及农业生产中直接用于作物种植和畜禽水产养殖设施的，土地经营权流转合同到期或者未到期由承包方依法提前收回承包土地时，受让方有权获得合理补偿。具体补偿办法可在土地经营权流转合同中约定或者由双方协商确定。

第四十四条　承包方流转土地经营权后与发包方承包关系不变

承包方流转土地经营权的，其与发包方的承包关系不变。

▶理解与适用

根据本条的规定，承包方流转土地经营权的，其与发包方的承包关系不变。理解这一规定，可以从以下三个方面予以把握：

（1）承包方流转土地经营权可以采取出租、入股或者其他方式，但无论采取何种方式，其与受让方形成何种性质的法律关系，均不影响其与发包方之前形成的承包关系。承包方依然属于承包合同关系的一方当事人。

（2）承包方与受让土地经营权的受让方形成的是土地经营权流转合同，承包方与发包方形成的是承包合同，两个合同关系虽然相互独立，但也有一定的联系，主要体现在，流转合同的期限不得超过承包合同的剩余期限、受让方从事经营同样应当遵循农地利用规划及保护生态等要求。

（3）发包方尽管不是流转合同的当事人，但其作为土地发包的主体，在特定情形下，依然享有终止流转合同并要求受让方赔偿损害的权利。根据本法第64条的规定，土地经营权人擅自改变土地的农业用途、弃耕抛荒连续两年以上、给土地造成严重损害或者严重破坏土地生态环境，承包方在合理期限内不解除土地经营权流转合同的，发包方有权要求终止土地经营权流转合同。

▶典型案例指引

周某福不服某市人民政府注销土地承包经营权证决定被驳回案（江苏省常州市中级人民法院〔2012〕常行终字第119号）

案件适用要点： 土地使用权的流转并不改变承包方对集体土地原始的承包权利。承包方在第一轮承包中享有的承包权在第二轮承包中继续保持稳定，在第二轮承包中需要对土地承包经营进行调整的，调整方案须经村民大会或村民代表三分之二以上成员同意，并报相关政府主管部门审批。以流转方式获得承包土地一定年限使用权的一方，仅属土地承包经营权的受让主体，颁证机关为其颁发土地承包经营权证，属发证对象错误，颁证机关有权进行自我纠正，注销该土地承包经营权证。

▶条文参见

《农村土地经营权流转管理办法》第15条

第四十五条　建立社会资本取得土地经营权的资格审查等制度

县级以上地方人民政府应当建立工商企业等社会资本通过流转取得土地经营权的资格审查、项目审核和风险防范制度。

工商企业等社会资本通过流转取得土地经营权的，本集体经济组织可以收取适量管理费用。

具体办法由国务院农业农村、林业和草原主管部门规定。

▶理解与适用

根据本条第1款的规定，县级以上地方人民政府应当建立工商企业等社会资本通过流转取得土地经营权的资格审查、项目审核和风险防范制度。

审查审核的一般程序如下：

（1）受让主体与承包方就流转面积、期限、价款等进行协商并签订流转意向协议书。涉及未承包到户集体土地等集体资源的，应当按照法定程序经本集体经济组织成员的村民会议三分之二以上成员或者三分之二以上村民代表的同意，并与集体经济组织签订流转意向协议书。

（2）受让主体按照分级审查审核规定，分别向乡（镇）人民政府农村土地承包管理部门或者县级以上地方人民政府农业农村主管（农村经营管理）部门提出申请，并提交流转意向协议书、农业经营能力或者资质证明、流转项目规划等相关材料。

（3）县级以上地方人民政府或者乡（镇）人民政府应当依法组织相关职能部门、农村集体经济组织代表、农民代表、专家等就土地用途、受让主体农业经营能力，以及经营项目是否符合粮食生产等产业规划等进行审查审核，并于受理之日起20个工作日内作出审查审核意见。

（4）审查审核通过的，受让主体与承包方签订土地经营权流转合同。未按规定提交审查审核申请或者审查审核未通过的，不得开展土地经营权流转活动。

▶条文参见

《农村土地经营权流转管理办法》第29－32条；《最高人民法院关于审理涉及农村土地承包纠纷案件适用法律问题的解释》

第四十六条　土地经营权的再流转

经承包方书面同意，并向本集体经济组织备案，受让方可以再流转土地经营权。

▶理解与适用

根据本条的规定，通过流转取得土地经营权的受让方，如果再次流转土地经营权，需要注意把握：第一，土地经营权的再次流转需要经过“同意加备案”的程序。即受让方再次流转土地经营权，需要征得承包方的书面同意，同时还应向作为发包方的集体经济组织履行备案手续。第二，受让方再次流转土地经营权的方式，根据本法第36条的规定为出租（转包）、入股或者其他方式。

▶条文参见

《农村土地经营权流转管理办法》第12条

第四十七条　土地经营权融资担保

承包方可以用承包地的土地经营权向金融机构融资担保，并向发包方备案。受让方通过流转取得的土地经营权，经承包方书面同意并向发包方备案，可以向金融机构融资担保。

担保物权自融资担保合同生效时设立。当事人可以向登记机构申请登记；未经登记，不得对抗善意第三人。

实现担保物权时，担保物权人有权就土地经营权优先受偿。

土地经营权融资担保办法由国务院有关部门规定。

▶理解与适用

本条第1款规定，承包方可以用承包地的土地经营权向金融机构融资担保，并向发包方备案。本款包含两种情况：

(1) 承包方利用其所承包的承包地的土地经营权向金融机构融资担保。此种情况下，由于承包方并未将承包地的土地经营权向外流转，承包方的土地承包权与土地经营权没有分离，因此作为担保物的土地经营权实际上未现实存在，承包方是用将来的土地经营权融资担保，到需要实现担保物权时，土地经营权才从土地承包经营权中分离出来，作为优先受偿的财产出现。(2) 承包方将承包地的土地经营权流转后，受让土地经营权的受让方利用土地经营权向金融机构融资担保。在这种情况下，承包方自己不实际经营土地，而是流转给受让方，受让方将流转取得的承包地的土地经营权向金融机构融资担保。

根据本条第 2 款的规定，担保物权自融资担保合同生效时设立。当事人可以向登记机构申请登记；未经登记，不得对抗善意第三人。

第三章　其他方式的承包

第四十八条　其他承包方式

不宜采取家庭承包方式的荒山、荒沟、荒丘、荒滩等农村土地，通过招标、拍卖、公开协商等方式承包的，适用本章规定。

▶理解与适用

招标投标多为大宗货物的买卖、工程建设项目的发包与承包、服务项目的采购与提供等所采用，但不局限于此，农村荒山、荒沟、荒丘、荒滩等土地资源的承包也可以采取招标投标的方式。拍卖是指以公开竞价的形式，将特定物的财产权利转让给最高应价的买卖方式。

第四十九条 以其他方式承包农村土地时承包合同的签订

以其他方式承包农村土地的，应当签订承包合同，承包方取得土地经营权。当事人的权利和义务、承包期限等，由双方协商确定。以招标、拍卖方式承包的，承包费通过公开竞标、竞价确定；以公开协商等方式承包的，承包费由双方议定。

第五十条 荒山、荒沟、荒丘、荒滩等的承包经营方式

荒山、荒沟、荒丘、荒滩等可以直接通过招标、拍卖、公开协商等方式实行承包经营，也可以将土地经营权折股分给本集体经济组织成员后，再实行承包经营或者股份合作经营。

承包荒山、荒沟、荒丘、荒滩的，应当遵守有关法律、行政法规的规定，防止水土流失，保护生态环境。

▶理解与适用

根据本条的规定，对荒山、荒沟、荒丘、荒滩等土地的承包经营方式灵活多样，既可以直接通过向社会公开招标、拍卖、公开协商等方式进行，也可以在本集体经济组织内部，将土地经营权折股分给本集体经济组织成员后，再实行承包经营或者股份合作经营。

第五十一条 本集体经济组织成员有权优先承包

以其他方式承包农村土地，在同等条件下，本集体经济组织成员有权优先承包。

▶理解与适用

不能简单地认为在以其他方式承包土地的情况下，本集体经济组织内部成员一定有权优先承包，这里的优先是以“同等条件”为前提的。在与本集体经济组织外的单位或个人竞争土地承

包时，本集体经济组织内部成员与外部竞争者具有同等的竞争条件的，发包方才可将土地优先承包给本集体经济组织内部成员。

第五十二条 将农村土地发包给本集体经济组织以外的单位或者个人承包的程序

发包方将农村土地发包给本集体经济组织以外的单位或者个人承包，应当事先经本集体经济组织成员的村民会议三分之二以上成员或者三分之二以上村民代表的同意，并报乡（镇）人民政府批准。

由本集体经济组织以外的单位或者个人承包的，应当对承包方的资信情况和经营能力进行审查后，再签订承包合同。

▶理解与适用

根据本条的规定，本集体经济组织以外的单位和个人以其他方式承包农村土地的，应当事先经本集体经济组织成员的村民会议三分之二以上成员或者三分之二以上村民代表的同意。并且，由本集体经济组织以外的单位和个人承包经营的，发包方应当对承包方的资信情况和经营能力进行审查后，再签订承包合同。

第五十三条 以其他方式承包农村土地后，土地经营权的流转

通过招标、拍卖、公开协商等方式承包农村土地，经依法登记取得权属证书的，可以依法采取出租、入股、抵押或者其他方式流转土地经营权。

▶理解与适用

依据本法第 3 条的规定，我国的农村土地承包制度包括“农村集体经济组织内部的家庭承包方式”和“其他方式的承包”。通过家庭方式的承包取得土地承包经营权后，登记机构应当向承包方颁发土地承包经营权证或者林权证等证书，并登记

造册，确认土地承包经营权。承包方在此基础上，可以直接向他人流转土地经营权。

但是，以招标、拍卖、公开协商等方式取得的土地承包经营权，承包方有的与发包人是债权关系。要注意的是，通过其他方式的承包所取得的土地经营权是通过市场化的行为并支付一定的对价获得的，其流转无需向发包人备案或经发包人同意。流转对受让方也没有特别限制，接受流转的一方可以是本集体经济组织以外的个人、农业公司等。

▶条文参见

《民法典》第342条

第五十四条　以其他方式取得的土地承包经营权的继承

依照本章规定通过招标、拍卖、公开协商等方式取得土地经营权的，该承包人死亡，其应得的承包收益，依照继承法的规定继承；在承包期内，其继承人可以继续承包。

▶理解与适用

关于家庭承包中的继承问题已在本法第32条作了规定，本条对以其他方式的承包的继承问题作出规定。家庭承包和其他方式的承包引发的继承问题共同之处在于，两种方式的承包中承包人死亡后其应得的承包收益，都可以依照民法典继承编的规定继承。差别主要体现在：

(1) 在家庭承包的方式中，土地承包经营权是农村集体经济组织内部人人有份的，是农村集体经济组织成员的一项权利。而成为非农业人口的继承人能否继承土地承包经营权？应当说成为非农业人口的继承人已经不是农村集体经济组织的成员了，也不享有对土地承包经营权的继承权。而在其他方式的承包中，则不存在这个问题。例如，一个农户对本村荒山的承包，这个承包并不是在本村内人人有份的，而是通过招标、拍卖或者公开协商等方式进行承包取得的土地经营权。这种承包是有偿取得的，期限较长，投入很大，应当允许继承，而且允许成为非农业人口的继承人继承。

(2) 在家庭承包的方式中，由于是以户为生产经营单位，因此部分家庭成员死亡的，不发生土地承包经营权本身的继承问题，而是由该承包户内的其他成员继续承包。如果全部承包人死亡，承包方的家庭消亡后，土地承包经营权由发包方收回，其他继承人只能继承土地承包的收益，并要求发包方对被继承人在土地上的投入做一定的补偿。而在其他方式的承包中，则有所不同。例如，承包本村荒山的承包人，在其死后，荒山可以由其继承人继续承包。如果所有的继承人都不愿意承包经营，还可以通过出租、入股、抵押或者其他方式流转土地经营权，将流转获得的收益作为遗产处理。

(3) 在家庭承包方式中，林地承包的承包人死亡，其继承人可以在承包期内继续承包。本条规定的其他方式的承包的继承与林地承包是相似的，即以其他方式承包的承包人死亡后，其所承包的“四荒地”在承包期内由继承人继续承包。

第四章　争议的解决和法律责任

第五十五条　土地承包经营纠纷的解决方式

因土地承包经营发生纠纷的，双方当事人可以通过协商解决，也可以请求村民委员会、乡（镇）人民政府等调解解决。

当事人不愿协商、调解或者协商、调解不成的，可以向农村土地承包仲裁机构申请仲裁，也可以直接向人民法院起诉。

▶理解与适用

土地承包经营纠纷，主要是指在土地承包过程中发包方与承包方发生的纠纷，承包方与受让方发生的纠纷，也包括土地承包经营当事人与第三人发生的纠纷。

调解是指在村民委员会、乡（镇）人民政府等第三方的主持下，在双方当事人自愿的基础上，通过宣传法律、法规、规章和政策，劝导当事人化解矛盾，自愿就争议事项达成协议，使农村土地承包经营纠纷及时得到解决的一种活动。当事人可以将纠纷通过调解解决，但调解不是仲裁或诉讼的必经程序。调解人可以是个人，也可以是人民政府及其有关部门，还可以是其他社会团体、组织。

本条规定了几种主要的调解单位。例如，对于村民小组或者村内的集体经济组织发包的，发生纠纷后，可以请求村民委员会调解；对于村集体经济组织或者村民委员会发包的，发生纠纷后，可以请求乡（镇）人民政府调解。其他调解部门可以是政府的农业农村、林业和草原等行政主管部门，也可以是政府设立的负责农业承包管理工作的农村集体经济管理部门，还可以是农村土地承包仲裁委员会。

第五十六条 侵害土地承包经营权、土地经营权应当承担民事责任

任何组织和个人侵害土地承包经营权、土地经营权的，应当承担民事责任。

▶理解与适用

根据《民法典》第179条的规定，承担民事责任的方式主要有：(1) 停止侵害；(2) 排除妨碍；(3) 消除危险；(4) 返还财产；(5) 恢复原状；(6) 修理、重作、更换；(7) 继续履行；(8) 赔偿损失；(9) 支付违约金；(10) 消除影响、恢复名誉；(11) 赔礼道歉。

本条有一点需要明确，即对于国家机关及其工作人员利用职权干涉和侵害农村土地承包经营权的行为如何处理？本法第65条列举了相关侵权行为，如利用职权干涉农村土地承包经营，变

更、解除承包经营合同，干涉承包经营当事人依法享有的生产经营自主权，强迫、阻碍承包经营当事人进行土地承包经营权互换、转让或者土地经营权流转等行为。根据《行政诉讼法》第12条第1款第7项之规定，如果承包人认为行政机关侵犯其经营自主权或者农村土地承包经营权、农村土地经营权，或者按照同款第12项之规定，认为行政机关侵犯其他人身权、财产权等合法权益的，其可以向人民法院提起行政诉讼。根据《国家赔偿法》第4条第4项的规定，受害人有权向造成损害的行政机关请求赔偿。

▶条文参见

《农村土地承包经营纠纷调解仲裁法》

第五十七条 发包方的民事责任

发包方有下列行为之一的，应当承担停止侵害、排除妨碍、消除危险、返还财产、恢复原状、赔偿损失等民事责任：

（一）干涉承包方依法享有的生产经营自主权；

（二）违反本法规定收回、调整承包地；

（三）强迫或者阻碍承包方进行土地承包经营权的互换、转让或者土地经营权流转；

（四）假借少数服从多数强迫承包方放弃或者变更土地承包经营权；

（五）以划分“口粮田”和“责任田”等为由收回承包地搞招标承包；

（六）将承包地收回抵顶欠款；

（七）剥夺、侵害妇女依法享有的土地承包经营权；

（八）其他侵害土地承包经营权的行为。

▶理解与适用

承担民事责任的方式，就发包方而言，是发包方因违法侵害承包方合法权益承担民事责任的形式。

（1）停止侵害。停止侵害是指发包方正在实施侵害承包方享有的土地承包经营权时，承包方为了维护自己的合法权益，防止损害后果的扩大，有权制止正在实施的不法行为，要求其停止侵害。

（2）排除妨碍。排除妨碍是指将妨害他人权利的障碍予以排除，如发包方在承包地边堆放建筑用沙石，妨害承包方收割机械的进入，影响其生产。

（3）消除危险。消除危险是指因行为人实施的行为或者设置的物件等有造成他人损害或再次造成他人损害的危险时，受害人有权请求行为人将危险排除。这里所说的危险是现实存在的，而不是一种潜在的可能。

（4）返还财产。返还财产从民法理论上来说是指一方当事人将非法占有的他人财产返还给对方当事人。被他人非法占有的可能是物，或者其他财产。所返还财产可能是原物，也可能不是原物。

（5）恢复原状。按字面意思理解，恢复原状是指将损坏的东西重新修复，引申下去，可以指恢复权利至未被侵害时的状态。

（6）赔偿损失。赔偿损失是违法行为人对违法行为造成的损害所承担的补偿对方损失的民事法律责任方式，是适用范围最为广泛的一种责任形式。赔偿损失的方式包括实物赔偿和金钱赔偿两种。

第五十八条　承包合同中无效的约定

承包合同中违背承包方意愿或者违反法律、行政法规有关不得收回、调整承包地等强制性规定的约定无效。

第五十九条　违约责任

当事人一方不履行合同义务或者履行义务不符合约定的，应当依法承担违约责任。

第六十条　无效的土地承包经营权互换、转让或土地经营权流转

任何组织和个人强迫进行土地承包经营权互换、转让或者土地经营权流转的，该互换、转让或者流转无效。

第六十一条　擅自截留、扣缴土地承包经营权互换、转让或土地经营权流转收益的处理

任何组织和个人擅自截留、扣缴土地承包经营权互换、转让或者土地经营权流转收益的，应当退还。

第六十二条　非法征收、征用、占用土地或者贪污、挪用土地征收、征用补偿费用的法律责任

违反土地管理法规，非法征收、征用、占用土地或者贪污、挪用土地征收、征用补偿费用，构成犯罪的，依法追究刑事责任；造成他人损害的，应当承担损害赔偿等责任。

▶典型案例指引

1. 杨某1等人诉某县人民政府、某县朝歌街道办事处、某县朝歌街道办事处某村村民委员会违法占地及行政赔偿案（2020年12月14日耕地保护典型行政案例）

案件适用要点：本案是一起行政机关未取得审批手续强制占用农民承包地并清除地上农作物，侵犯农民土地承包经营权的典型案例。

根据相关法律规定，国家基于公共利益需要，可以对集体土地实施征收，但必须遵循严格的土地征收与补偿程序。

实践中，部分行政机关为加快工作进度，在没有合法征地手续的情况下强行摧毁农民耕地上的农作物，属于违法行为。

对于因强占土地引起的赔偿问题，本案明确了在具备恢复原状条件的情况下，应当优先适用恢复原状的判决方式，将土地恢复至能够耕种的状态并予以返还的原则，对于从根本上保护耕地，具有积极的借鉴意义。

2. 某市某纺织品有限公司诉某省某市自然资源局行政处罚案（2020 年 12 月 14 日耕地保护典型行政案例）

案件适用要点： 本案明确了违法占地行为的认定，并非仅以当事人是否拥有合法的土地流转手续为准，而是要结合当事人使用土地是否依法办理批准手续、是否改变土地的农业用途等因素。本案中，某公司虽主张其享有涉案土地的土地承包经营权，但其所占用土地为耕地及耕地以外的其他农用地，土地承包经营权人应按照土地的用途依法、依规使用土地，而不得擅自改变土地的农业用途。

第六十三条 违法将承包地用于非农建设或者给承包地造成永久性损害的法律责任

承包方、土地经营权人违法将承包地用于非农建设的，由县级以上地方人民政府有关主管部门依法予以处罚。

承包方给承包地造成永久性损害的，发包方有权制止，并有权要求赔偿由此造成的损失。

第六十四条 土地经营权人的民事责任

土地经营权人擅自改变土地的农业用途、弃耕抛荒连续两年以上、给土地造成严重损害或者严重破坏土地生态环境，承包方在合理期限内不解除土地经营权流转合同的，发包方有权要求终止土地经营权流转合同。土地经营权人对土地和土地生态环境造成的损害应当予以赔偿。

第六十五条 国家机关及其工作人员利用职权侵害土地承包经营权、土地经营权行为的法律责任

国家机关及其工作人员有利用职权干涉农村土地承包经营，变更、解除承包经营合同，干涉承包经营当事人依法享有的生产经营自主权，强迫、阻碍承包经营当事人进行土地承包经营权互换、转让或者土地经营权流转等侵害土地承包经营权、土地经营权的行为，给承包经营当事人造成损失的，应当承担损害赔偿等责任；情节严重的，由上级机关或者所在单位给予直接责任人员处分；构成犯罪的，依法追究刑事责任。

第五章 附　　则

第六十六条 本法实施前的农村土地承包继续有效

本法实施前已经按照国家有关农村土地承包的规定承包，包括承包期限长于本法规定的，本法实施后继续有效，不得重新承包土地。未向承包方颁发土地承包经营权证或者林权证等证书的，应当补发证书。

▶理解与适用

已按国家有关规定完成的农村土地承包，包括承包期限长于本法规定土地承包，在本法实施后是否具有法律效力，受本法保护？本条对此明确地作出了肯定性规定，同时明确禁止以此为由重新承包土地。也就是说，本法实施前按照国家有关农村土地承包的规定形成的土地承包关系，依然合法有效；即使承包合同中确定的承包期限超出本法第21条规定的时限，如耕地承包期超过三十年、草地承包期超过五十年、林地承包期超过七十年的，依然视同符合本法规定，本法予以保护。

第六十七条 机动地的预留

本法实施前已经预留机动地的，机动地面积不得超过本集体经济组织耕地总面积的百分之五。不足百分之五的，不得再增加机动地。

本法实施前未留机动地的，本法实施后不得再留机动地。

第六十八条 实施办法的制定

各省、自治区、直辖市人民代表大会常务委员会可以根据本法，结合本行政区域的实际情况，制定实施办法。

第六十九条 农村集体经济组织成员身份的确认

确认农村集体经济组织成员身份的原则、程序等，由法律、法规规定。

第七十条 施行时间

本法自 2003 年 3 月 1 日起施行。

实用核心法规

中华人民共和国民法典（节录）

（2020年5月28日第十三届全国人民代表大会第三次会议通过　2020年5月28日中华人民共和国主席令第45号公布　自2021年1月1日起施行）

第一章　基本规定

第一条　【立法目的和依据】为了保护民事主体的合法权益，调整民事关系，维护社会和经济秩序，适应中国特色社会主义发展要求，弘扬社会主义核心价值观，根据宪法，制定本法。

第二条　【调整范围】民法调整平等主体的自然人、法人和非法人组织之间的人身关系和财产关系。

第三条　【民事权利及其他合法权益受法律保护】民事主体的人身权利、财产权利以及其他合法权益受法律保护，任何组织或者个人不得侵犯。

第四条　【平等原则】民事主体在民事活动中的法律地位一律平等。

第五条　【自愿原则】民事主体从事民事活动，应当遵循自愿原则，按照自己的意思设立、变更、终止民事法律关系。

第六条　【公平原则】民事主体从事民事活动，应当遵循公平原则，合理确定各方的权利和义务。

第七条　【诚信原则】民事主体从事民事活动，应当遵循诚信原则，秉持诚实，恪守承诺。

第八条　【守法与公序良俗原则】民事主体从事民事活动，不得违反法律，不得违背公序良俗。

第九条　【绿色原则】民事主体从事民事活动，应当有利于节约资源、保护生态环境。

第十条　【处理民事纠纷的依据】处理民事纠纷，应当依照法律；法律没有规定的，可以适用习惯，但是不得违背公序良俗。

第十一条　【特别法优先】其他法律对民事关系有特别规定的，依照其规定。

第十二条　【民法的效力范围】中华人民共和国领域内的民事活动，适用中华人民共和国法律。法律另有规定的，依照其规定。

……

第六章　民事法律行为

第一节　一般规定

第一百三十三条　【民事法律行为的定义】民事法律行为是民事主体通过意思表示设立、变更、终止民事法律关系的行为。

第一百三十四条　【民事法律行为的成立】民事法律行为可以基于双方或者多方的意思表示一致成立，也可以基于单方的意思表示成立。

法人、非法人组织依照法律或者章程规定的议事方式和表决程序作出决议的，该决议行为成立。

第一百三十五条　【民事法律行为的形式】民事法律行为可以采用书面形式、口头形式或者其他形式；法律、行政法规规定或者当事人约定采用特定形式的，应当采用特定形式。

第一百三十六条　【民事法律行为的生效】民事法律行为自成立时生效，但是法律另有规定或者当事人另有约定的除外。

行为人非依法律规定或者未经对方同意，不得擅自变更或者解除民事法律行为。

第二节　意思表示

第一百三十七条　【有相对人的意思表示的生效时间】以对话方

式作出的意思表示，相对人知道其内容时生效。

以非对话方式作出的意思表示，到达相对人时生效。以非对话方式作出的采用数据电文形式的意思表示，相对人指定特定系统接收数据电文的，该数据电文进入该特定系统时生效；未指定特定系统的，相对人知道或者应当知道该数据电文进入其系统时生效。当事人对采用数据电文形式的意思表示的生效时间另有约定的，按照其约定。

第一百三十八条　【无相对人的意思表示的生效时间】无相对人的意思表示，表示完成时生效。法律另有规定的，依照其规定。

第一百三十九条　【公告的意思表示的生效时间】以公告方式作出的意思表示，公告发布时生效。

第一百四十条　【意思表示的方式】行为人可以明示或者默示作出意思表示。

沉默只有在有法律规定、当事人约定或者符合当事人之间的交易习惯时，才可以视为意思表示。

第一百四十一条　【意思表示的撤回】行为人可以撤回意思表示。撤回意思表示的通知应当在意思表示到达相对人前或者与意思表示同时到达相对人。

第一百四十二条　【意思表示的解释】有相对人的意思表示的解释，应当按照所使用的词句，结合相关条款、行为的性质和目的、习惯以及诚信原则，确定意思表示的含义。

无相对人的意思表示的解释，不能完全拘泥于所使用的词句，而应当结合相关条款、行为的性质和目的、习惯以及诚信原则，确定行为人的真实意思。

第三节　民事法律行为的效力

第一百四十三条　【民事法律行为的有效条件】具备下列条件的民事法律行为有效：

（一）行为人具有相应的民事行为能力；

（二）意思表示真实；

（三）不违反法律、行政法规的强制性规定，不违背公序良俗。

第一百四十四条　【无民事行为能力人实施的民事法律行为】无

民事行为能力人实施的民事法律行为无效。

第一百四十五条　【限制民事行为能力人实施的民事法律行为】 限制民事行为能力人实施的纯获利益的民事法律行为或者与其年龄、智力、精神健康状况相适应的民事法律行为有效；实施的其他民事法律行为经法定代理人同意或者追认后有效。

相对人可以催告法定代理人自收到通知之日起三十日内予以追认。法定代理人未作表示的，视为拒绝追认。民事法律行为被追认前，善意相对人有撤销的权利。撤销应当以通知的方式作出。

第一百四十六条　【虚假表示与隐藏行为效力】 行为人与相对人以虚假的意思表示实施的民事法律行为无效。

以虚假的意思表示隐藏的民事法律行为的效力，依照有关法律规定处理。

第一百四十七条　【重大误解】 基于重大误解实施的民事法律行为，行为人有权请求人民法院或者仲裁机构予以撤销。

第一百四十八条　【欺诈】 一方以欺诈手段，使对方在违背真实意思的情况下实施的民事法律行为，受欺诈方有权请求人民法院或者仲裁机构予以撤销。

第一百四十九条　【第三人欺诈】 第三人实施欺诈行为，使一方在违背真实意思的情况下实施的民事法律行为，对方知道或者应当知道该欺诈行为的，受欺诈方有权请求人民法院或者仲裁机构予以撤销。

第一百五十条　【胁迫】 一方或者第三人以胁迫手段，使对方在违背真实意思的情况下实施的民事法律行为，受胁迫方有权请求人民法院或者仲裁机构予以撤销。

第一百五十一条　【乘人之危导致的显失公平】 一方利用对方处于危困状态、缺乏判断能力等情形，致使民事法律行为成立时显失公平的，受损害方有权请求人民法院或者仲裁机构予以撤销。

第一百五十二条　【撤销权的消灭期间】 有下列情形之一的，撤销权消灭：

（一）当事人自知道或者应当知道撤销事由之日起一年内、重大误解的当事人自知道或者应当知道撤销事由之日起九十日内没有行使撤销权；

（二）当事人受胁迫，自胁迫行为终止之日起一年内没有行使撤销权；

（三）当事人知道撤销事由后明确表示或者以自己的行为表明放弃撤销权。

当事人自民事法律行为发生之日起五年内没有行使撤销权的，撤销权消灭。

第一百五十三条　【违反强制性规定及违背公序良俗的民事法律行为的效力】违反法律、行政法规的强制性规定的民事法律行为无效。但是，该强制性规定不导致该民事法律行为无效的除外。

违背公序良俗的民事法律行为无效。

第一百五十四条　【恶意串通】行为人与相对人恶意串通，损害他人合法权益的民事法律行为无效。

第一百五十五条　【无效或者被撤销民事法律行为自始无效】无效的或者被撤销的民事法律行为自始没有法律约束力。

第一百五十六条　【民事法律行为部分无效】民事法律行为部分无效，不影响其他部分效力的，其他部分仍然有效。

第一百五十七条　【民事法律行为无效、被撤销、不生效力的法律后果】民事法律行为无效、被撤销或者确定不发生效力后，行为人因该行为取得的财产，应当予以返还；不能返还或者没有必要返还的，应当折价补偿。有过错的一方应当赔偿对方由此所受到的损失；各方都有过错的，应当各自承担相应的责任。法律另有规定的，依照其规定。

第四节　民事法律行为的附条件和附期限

第一百五十八条　【附条件的民事法律行为】民事法律行为可以附条件，但是根据其性质不得附条件的除外。附生效条件的民事法律行为，自条件成就时生效。附解除条件的民事法律行为，自条件成就时失效。

第一百五十九条　【条件成就或不成就的拟制】附条件的民事法律行为，当事人为自己的利益不正当地阻止条件成就的，视为条件已经成就；不正当地促成条件成就的，视为条件不成就。

第一百六十条　【附期限的民事法律行为】民事法律行为可以附

期限，但是根据其性质不得附期限的除外。附生效期限的民事法律行为，自期限届至时生效。附终止期限的民事法律行为，自期限届满时失效。

……

第十一章　土地承包经营权

第三百三十条　【农村土地承包经营】农村集体经济组织实行家庭承包经营为基础、统分结合的双层经营体制。

农民集体所有和国家所有由农民集体使用的耕地、林地、草地以及其他用于农业的土地，依法实行土地承包经营制度。

第三百三十一条　【土地承包经营权内容】土地承包经营权人依法对其承包经营的耕地、林地、草地等享有占有、使用和收益的权利，有权从事种植业、林业、畜牧业等农业生产。

第三百三十二条　【土地的承包期限】耕地的承包期为三十年。草地的承包期为三十年至五十年。林地的承包期为三十年至七十年。

前款规定的承包期限届满，由土地承包经营权人依照农村土地承包的法律规定继续承包。

第三百三十三条　【土地承包经营权的设立与登记】土地承包经营权自土地承包经营权合同生效时设立。

登记机构应当向土地承包经营权人发放土地承包经营权证、林权证等证书，并登记造册，确认土地承包经营权。

▶理解与适用：土地承包经营合同生效后，发包方不得因承办人或者负责人的变动而变更或者解除，也不得因集体经济组织的分立或者合并而变更或者解除。

▶条文参见

《农村土地承包法》第22－24条

第三百三十四条　【土地承包经营权的互换、转让】土地承包经营权人依照法律规定，有权将土地承包经营权互换、转让。未经依法批准，不得将承包地用于非农建设。

▶条文参见

《农村土地承包法》第9、10、29－47条；《国务院办公厅关于引导农村产权流转交易市场健康发展的意见》；《国务院关于开展农村承包土地的经营权和农民住房财产权抵押贷款试点的指导意见》；《农村土地经营权流转管理办法》；《农村土地承包经营权证管理办法》

第三百三十五条　【土地承包经营权流转的登记对抗主义】土地承包经营权互换、转让的，当事人可以向登记机构申请登记；未经登记，不得对抗善意第三人。

第三百三十六条　【承包地的调整】承包期内发包人不得调整承包地。

因自然灾害严重毁损承包地等特殊情形，需要适当调整承包的耕地和草地的，应当依照农村土地承包的法律规定办理。

第三百三十七条　【承包地的收回】承包期内发包人不得收回承包地。法律另有规定的，依照其规定。

第三百三十八条　【征收承包地的补偿规则】承包地被征收的，土地承包经营权人有权依据本法第二百四十三条的规定获得相应补偿。

▶条文参见

《土地管理法》第47、48条；《农村土地承包法》第17条

第三百三十九条　【土地经营权的流转】土地承包经营权人可以自主决定依法采取出租、入股或者其他方式向他人流转土地经营权。

第三百四十条　【土地经营权人的基本权利】土地经营权人有权在合同约定的期限内占有农村土地，自主开展农业生产经营并取得收益。

第三百四十一条　【土地经营权的设立与登记】流转期限为五年以上的土地经营权，自流转合同生效时设立。当事人可以向登记机构申请土地经营权登记；未经登记，不得对抗善意第三人。

第三百四十二条　【以其他方式承包取得的土地经营权流转】通过招标、拍卖、公开协商等方式承包农村土地，经依法登记取得权属证书的，可以依法采取出租、入股、抵押或者其他方式流转土地经营权。

▶条文参见

《农村土地承包法》第48、49条

第三百四十三条　【国有农用地承包经营的法律适用】国家所有的农用地实行承包经营的，参照适用本编的有关规定。

……

第三百九十五条　【可抵押财产的范围】债务人或者第三人有权处分的下列财产可以抵押：

（一）建筑物和其他土地附着物；

（二）建设用地使用权；

（三）海域使用权；

（四）生产设备、原材料、半成品、产品；

（五）正在建造的建筑物、船舶、航空器；

（六）交通运输工具；

（七）法律、行政法规未禁止抵押的其他财产。

抵押人可以将前款所列财产一并抵押。

第三百九十八条　【乡镇、村企业的建设用地使用权与房屋一并抵押规则】乡镇、村企业的建设用地使用权不得单独抵押。以乡镇、村企业的厂房等建筑物抵押的，其占用范围内的建设用地使用权一并抵押。

第三百九十九条　【禁止抵押的财产范围】下列财产不得抵押：

（一）土地所有权；

（二）宅基地、自留地、自留山等集体所有土地的使用权，但是法律规定可以抵押的除外；

（三）学校、幼儿园、医疗机构等为公益目的成立的非营利法人的教育设施、医疗卫生设施和其他公益设施；

（四）所有权、使用权不明或者有争议的财产；

（五）依法被查封、扣押、监管的财产；

（六）法律、行政法规规定不得抵押的其他财产。

……

中华人民共和国农村土地承包经营纠纷调解仲裁法

（2009年6月27日第十一届全国人民代表大会常务委员会第九次会议通过　2009年6月27日中华人民共和国主席令第14号公布　自2010年1月1日起施行）

第一章　总　　则

第一条　【立法宗旨】为了公正、及时解决农村土地承包经营纠纷，维护当事人的合法权益，促进农村经济发展和社会稳定，制定本法。

第二条　【调整范围】农村土地承包经营纠纷调解和仲裁，适用本法。

农村土地承包经营纠纷包括：

（一）因订立、履行、变更、解除和终止农村土地承包合同发生的纠纷；

（二）因农村土地承包经营权转包、出租、互换、转让、入股等流转发生的纠纷；

（三）因收回、调整承包地发生的纠纷；

（四）因确认农村土地承包经营权发生的纠纷；

（五）因侵害农村土地承包经营权发生的纠纷；

（六）法律、法规规定的其他农村土地承包经营纠纷。

因征收集体所有的土地及其补偿发生的纠纷，不属于农村土地承包仲裁委员会的受理范围，可以通过行政复议或者诉讼等方式解决。

第三条　【和解、调解途径】发生农村土地承包经营纠纷的，当事人可以自行和解，也可以请求村民委员会、乡（镇）人民政府等调解。

第四条　【仲裁、诉讼途径】当事人和解、调解不成或者不愿和解、调解的，可以向农村土地承包仲裁委员会申请仲裁，也可以直接向人民法院起诉。

▶理解与适用：本条规定确立了农村土地承包经营纠纷调解仲裁的基本体制，即以协商解决为基础，调解仲裁相结合，可裁可审，裁后再审。

第五条 【基本原则】农村土地承包经营纠纷调解和仲裁，应当公开、公平、公正，便民高效，根据事实，符合法律，尊重社会公德。

第六条 【指导部门】县级以上人民政府应当加强对农村土地承包经营纠纷调解和仲裁工作的指导。

县级以上人民政府农村土地承包管理部门及其他有关部门应当依照职责分工，支持有关调解组织和农村土地承包仲裁委员会依法开展工作。

第二章 调　　解

第七条 【调解工作】村民委员会、乡（镇）人民政府应当加强农村土地承包经营纠纷的调解工作，帮助当事人达成协议解决纠纷。

第八条 【调解申请】当事人申请农村土地承包经营纠纷调解可以书面申请，也可以口头申请。口头申请的，由村民委员会或者乡（镇）人民政府当场记录申请人的基本情况、申请调解的纠纷事项、理由和时间。

▶理解与适用：应注意以下两点：第一，只要纠纷的一方当事人提出申请，村民委员会、乡（镇）人民政府就应当启动调解程序，而不应以对方当事人是否同意为前提。征求对方当事人对调解的意见，努力说服对方当事人接受调解，是调解程序启动后的一项具体工作，也是调解的一项重要内容。经做工作对方当事人仍不同意调解的，可以终结调解程序，告知当事人通过仲裁、诉讼解决农村土地承包经营纠纷，但不应将对方当事人同意作为启动调解的前提条件。第二，调解以当事人申请为前提，并不排斥村民委员会、乡（镇）人民政府主动介入纠纷，在当事人同意的情况下进行主动调解。调解作为一项法律制度，需要以当事人申请为启动条件，但从维护农村社会和谐稳定出发，村民委员会、乡（镇）人民政府应当加强对农村土地承包经营纠纷的排查摸底，在尊重当事人意愿的前提下，尽可能通过早发现、早介入、早调解，把农村土地承包经营纠纷化解在萌芽状态。

根据本条规定，接受口头申请的村民委员会或者乡（镇）人民政府应当当场记录以下内容：

一是申请人的基本情况。主要包括申请人的姓名、性别、年龄、住址等。考虑到调解的便民性以及与仲裁、诉讼程序相比的非正式性，对申请人基本情况的记录，不必作与仲裁申请书、起诉状有关当事人基本情况一样的严格要求。

二是申请调解的纠纷事项、理由。主要包括申请人与谁发生了纠纷、发生了何种农村土地承包经营纠纷、纠纷产生的前因后果、申请人的权利主张以及支持自己主张的事实和法律依据等。

三是申请调解的时间，即当事人提出口头申请并由村民委员会、乡（镇）人民政府记录的时间。

第九条　【调解方式】调解农村土地承包经营纠纷，村民委员会或者乡（镇）人民政府应当充分听取当事人对事实和理由的陈述，讲解有关法律以及国家政策，耐心疏导，帮助当事人达成协议。

第十条　【调解协议书】经调解达成协议的，村民委员会或者乡（镇）人民政府应当制作调解协议书。

调解协议书由双方当事人签名、盖章或者按指印，经调解人员签名并加盖调解组织印章后生效。

▶**理解与适用**：与由当事人双方直接达成的一般民事合同相比，调解协议书有自身特点：它是在作为第三方的村民委员会或者乡（镇）人民政府主持下达成的；除要由当事人签名、盖章或者按指印外，还要经调解员签名、调解组织加盖印章才能生效。

对于“生效”的调解协议书，本法则没有赋予当事人直接申请法院强制执行的效力，这与调解协议书的性质直接有关。调解协议书具有民事合同性质，其生效后产生的是合同效力，即确立了当事人间的权利义务关系，当事人应当按照协议的约定享受权利、履行义务。如果一方当事人拒绝履行已生效的调解协议书，按照《民事诉讼法》《民法典》等法律和《最高人民法院关于人民调解协议司法确认程序的若干规定》，一方当事人可以向人民法院提起诉讼。如果当事人一方抛开调解协议书，直接就农村土地承包经营纠纷申请仲裁或提起诉讼，另一方当事人也可以将调解协议书作为重要证据提交给仲裁庭或人民法院。在没有证据证明调解协议书无效或者可撤销的情形下，调解协议书应当作为仲裁庭裁决和人民法院裁判的依据。

《最高人民法院关于人民调解协议司法确认程序的若干规定》第7条也明确，具有下列情形之一的，人民法院不予确认调解协议效力：(1) 违反法律、行政法规强制性规定的；(2) 侵害国家利益、社会公共利益的；(3) 侵害案外人合法权益的；(4) 损害社会公序良俗的；(5) 内容不明确，无法确认的；(6) 其他不能进行司法确认的情形。

第十一条　【仲裁调解】 仲裁庭对农村土地承包经营纠纷应当进行调解。调解达成协议的，仲裁庭应当制作调解书；调解不成的，应当及时作出裁决。

调解书应当写明仲裁请求和当事人协议的结果。调解书由仲裁员签名，加盖农村土地承包仲裁委员会印章，送达双方当事人。

调解书经双方当事人签收后，即发生法律效力。在调解书签收前当事人反悔的，仲裁庭应当及时作出裁决。

▶**理解与适用**：仲裁庭在调解农村土地承包经营纠纷案件时，一般应遵循下列程序：(1) 查明事实、分清是非。仲裁员在正式调解之前，应当充分听取当事人的陈述和申辩，查清案件事实，不能事实未明、责任未清就径行调解。(2) 确定适当的调解方式。在调解过程中，仲裁员相互之间、仲裁员与当事人之间以及当事人双方之间可以通过协商确定合适的调解方式。(3) 提出解决纠纷的建议方案。仲裁庭应当按照合法、公平和公正的原则，提出解决争议的具体建议，供当事人参考或者选择是否接受。(4) 制作调解书或者恢复仲裁。调解达成协议的，仲裁庭应当制作调解书；调解不成的，仲裁庭应当终结调解活动，及时作出裁决。

调解书经双方当事人签收后即发生法律效力。这里的“法律效力”主要表现在以下几个方面：(1) 终结仲裁程序。调解书一经生效，仲裁程序即告结束，仲裁机构不再对该案进行审理。这是调解书在程序上的法律后果。(2) 确定当事人的权利义务关系。当事人签收调解书后就不得再行反悔，而应当严格按照调解书确定的权利义务和期限履行。这是调解书在实体上的法律后果。(3) 任何机关或组织在处理与该案件有关的问题时都要受该调解书的约束。也就是说，对于仲裁机构已发生法律效力的调解书处理过的争议，非有法律依据并经法定程序，任何机关或组织都不得再做处理。(4) 在一方当事人不履行调解书时，另一方当事人可以直接申请法院强制执行。

从形式和外观上，仲裁调解书与调解协议书具有一定的相似之处：(1) 都是调解组织依法对当事人之间的农村土地承包经营纠纷进行调解之后形成的法律文书；(2) 都是在当事人双方自愿达成协议的基础上依法制作的；(3) 调解过程中都必须遵循公平、公正、合法等原则；(4) 最终达成的协议都要由双方当事人确认，经调解人员签名并加盖调解组织印章后生效。但两者也存在非常明显的区别：(1) 制作主体不同。调解书由仲裁庭制作，调解协议书由村民委员会或者乡（镇）人民政府制作。(2) 法律效力不同。调解书经双方当事人签收后即发生法律效力，当事人可以直接凭调解书申请人民法院强制执行；调解协议书经双方当事人签收后，产生的是合同效力，一方当事人反悔时，另一方只能依法申请仲裁或者向人民法院起诉，而不能申请法院强制执行。这也是二者最根本的差别。

第三章　仲　　裁

第一节　仲裁委员会和仲裁员

第十二条　【农村土地承包仲裁委员会的设立】农村土地承包仲裁委员会，根据解决农村土地承包经营纠纷的实际需要设立。农村土地承包仲裁委员会可以在县和不设区的市设立，也可以在设区的市或者其市辖区设立。

农村土地承包仲裁委员会在当地人民政府指导下设立。设立农村土地承包仲裁委员会的，其日常工作由当地农村土地承包管理部门承担。

第十三条　【农村土地承包仲裁委员会的组成】农村土地承包仲裁委员会由当地人民政府及其有关部门代表、有关人民团体代表、农村集体经济组织代表、农民代表和法律、经济等相关专业人员兼任组成，其中农民代表和法律、经济等相关专业人员不得少于组成人员的二分之一。

农村土地承包仲裁委员会设主任一人、副主任一至二人和委员若干人。主任、副主任由全体组成人员选举产生。

第十四条 【农村土地承包仲裁委员会的职责】农村土地承包仲裁委员会依法履行下列职责：

（一）聘任、解聘仲裁员；

（二）受理仲裁申请；

（三）监督仲裁活动。

农村土地承包仲裁委员会应当依照本法制定章程，对其组成人员的产生方式及任期、议事规则等作出规定。

第十五条 【仲裁员的选任】农村土地承包仲裁委员会应当从公道正派的人员中聘任仲裁员。

仲裁员应当符合下列条件之一：

（一）从事农村土地承包管理工作满五年；

（二）从事法律工作或者人民调解工作满五年；

（三）在当地威信较高，并熟悉农村土地承包法律以及国家政策的居民。

第十六条 【仲裁员的培训】农村土地承包仲裁委员会应当对仲裁员进行农村土地承包法律以及国家政策的培训。

省、自治区、直辖市人民政府农村土地承包管理部门应当制定仲裁员培训计划，加强对仲裁员培训工作的组织和指导。

第十七条 【仲裁人员禁止行为】农村土地承包仲裁委员会组成人员、仲裁员应当依法履行职责，遵守农村土地承包仲裁委员会章程和仲裁规则，不得索贿受贿、徇私舞弊，不得侵害当事人的合法权益。

仲裁员有索贿受贿、徇私舞弊、枉法裁决以及接受当事人请客送礼等违法违纪行为的，农村土地承包仲裁委员会应当将其除名；构成犯罪的，依法追究刑事责任。

县级以上地方人民政府及有关部门应当受理对农村土地承包仲裁委员会组成人员、仲裁员违法违纪行为的投诉和举报，并依法组织查处。

第二节　申请和受理

第十八条　【仲裁时效】农村土地承包经营纠纷申请仲裁的时效期间为二年，自当事人知道或者应当知道其权利被侵害之日起计算。

▶理解与适用："知道"是指当事人自己明确表示已经知道自己土地承包经营权受侵害的事实，"应当知道"是指当事人虽然否认已经知道自己土地承包经营权受侵害的事实，但却有其他证据足以证明的。例如，当事人可能曾经因为承包土地边界纠纷而向乡镇政府、村民委员会反映，在经处理后未表示异议，满两年后又申请仲裁的，就可以认为其已经超过了仲裁申请时效。

第十九条　【仲裁参与人】农村土地承包经营纠纷仲裁的申请人、被申请人为当事人。家庭承包的，可以由农户代表人参加仲裁。当事人一方人数众多的，可以推选代表人参加仲裁。

与案件处理结果有利害关系的，可以申请作为第三人参加仲裁，或者由农村土地承包仲裁委员会通知其参加仲裁。

当事人、第三人可以委托代理人参加仲裁。

▶理解与适用：本条第1款规定了当事人参与仲裁的两种特殊情况，一种特殊情况是因家庭承包经营发生纠纷而仲裁的，可以由农户代表人参加仲裁。如果以农户代表人名义参加仲裁，仲裁机构可以直接将代表人列为当事人，但需要说明是家庭承包；如果坚持以全体家庭成员名义参加仲裁，也并无不可；但是，如果涉及家庭内部承包经营权纠纷的，例如兄弟分家、承包地分割等情况，不宜再适用农户代表人仲裁制度。

另一种特殊情况是仲裁代表人制度，即当事人一方人数众多的，可以推举代表人参加仲裁。如果因土地承包经营权流转、发展规模农业等原因发生纠纷，当事人往往可能涉及众多农户，如果要求其全部参加仲裁，无疑会造成严重的社会资源浪费，因此，设立仲裁代表人，具有重要的现实意义。至于当事人达到何等数量才能确定为"人数众多"的问题，本法并未明确规定，法律最终采取的是选择性规定，即是否推选仲裁代表人，由当事人自己决定，如果当事人内部不能达成一致，个别当事人也可以以自己的名义直接参与仲裁。

本条第2款是关于农村土地承包经营纠纷仲裁第三人制度的规定。所谓第三人，是指虽然不是仲裁的申请人和被申请人，但和案件审理结果有利害关系，因而主动申请或者被动参与仲裁的人。例如，在一些地方的农业产业化过程中，承包经营权人可能会要求确认与企业签订的流转合同无效，而主张无效的理由可能是村委会违背农民意志、强迫流转，在这种情况下，农民和该企业就是仲裁案件的当事人，而村委会则因为涉及责任承担问题，可以以第三人身份参与仲裁。

本条第3款是关于仲裁代理人的规定，所谓仲裁代理人，是指受某一方当事人委托，在委托权限内代理当事人参与仲裁活动，帮助当事人维护其合法权益的仲裁参与人。仲裁代理人与仲裁代表人相比，在某些方面具有相似性，例如其代表权、代理权都是因为当事人的授权（推选）而取得的，但两者关键区别在于，仲裁代表人本身也是当事人，而且只出现在当事人人数众多的仲裁案件中，经推选后代表所有当事人参加仲裁，其行为对其他当事人产生效力；而仲裁代理人本身未必是当事人，必须在当事人委托授权范围内活动。需要说明的是，代理人必须具有完全民事行为能力，不能同时代理双方当事人，也不能与一方当事人解除代理关系后又在同一案件中担任对方代理人。

第二十条　【申请仲裁的条件】申请农村土地承包经营纠纷仲裁应当符合下列条件：

（一）申请人与纠纷有直接的利害关系；

（二）有明确的被申请人；

（三）有具体的仲裁请求和事实、理由；

（四）属于农村土地承包仲裁委员会的受理范围。

▶**理解与适用**：所谓直接的利害关系，是指申请人的土地承包经营权直接受到他人侵害或者与他人发生了权利、义务归属上的争执，是一种法律上的利益关系。作为申请人，应当与本案具有直接的利害关系，这与作为第三人仅要求具有利害关系是不同的，用简单的话来说，申请人必须是矛盾与纠纷中直接对立双方中的一方。申请人无民事行为能力、限制民事行为能力的，可以由其监护人代为提出仲裁申请，但在法律关系上，监护人并非申请人。

第二十一条 【仲裁申请】当事人申请仲裁，应当向纠纷涉及的土地所在地的农村土地承包仲裁委员会递交仲裁申请书。仲裁申请书可以邮寄或者委托他人代交。仲裁申请书应当载明申请人和被申请人的基本情况，仲裁请求和所根据的事实、理由，并提供相应的证据和证据来源。

书面申请确有困难的，可以口头申请，由农村土地承包仲裁委员会记入笔录，经申请人核实后由其签名、盖章或者按指印。

▶**理解与适用：**农村土地承包经营纠纷仲裁实行属地原则，当事人应当向纠纷标的土地所在地的仲裁机构提出仲裁申请。

第二十二条 【仲裁申请的审查受理】农村土地承包仲裁委员会应当对仲裁申请予以审查，认为符合本法第二十条规定的，应当受理。有下列情形之一的，不予受理；已受理的，终止仲裁程序：

（一）不符合申请条件；

（二）人民法院已受理该纠纷；

（三）法律规定该纠纷应当由其他机构处理；

（四）对该纠纷已有生效的判决、裁定、仲裁裁决、行政处理决定等。

▶**理解与适用：**法律规定应当由其他机构处理该纠纷的，仲裁机构也不能受理。例如，实行招标、拍卖方式承包“四荒”土地的，如果当事人已经达成仲裁协议，向普通民商事仲裁机关申请仲裁，按照仲裁法的规定，此种纠纷有专门的主管机构，当事人就不能再向农村土地承包仲裁机构申请仲裁；又如，按照土地管理法、森林法、草原法等法律规定，土地所有权、使用权纠纷，应当向人民政府申请处理，这种情况下，也不能再申请农村土地承包经营纠纷仲裁；再如，按照本法规定，因为土地征收而发生的纠纷，仲裁机构也不能受理。

第二十三条 【仲裁申请处理程序】农村土地承包仲裁委员会决定受理的，应当自收到仲裁申请之日起五个工作日内，将受理通知书、仲裁规则和仲裁员名册送达申请人；决定不予受理或者终止仲裁程序的，应当自收到仲裁申请或者发现终止仲裁程序情形之日起五个工作日内书面通知申请人，并说明理由。

▶**理解与适用：**所谓送达，是指仲裁机构依照法定程序和方式，将仲裁文书送交当事人和其他仲裁参与人的仲裁行为，送达的主体是仲裁机构，送达的标的是受理通知、仲裁规则等法律文书。至于送达的具体方式，本法并未明确规定，在民事诉讼活动中，人民法院通常采取的送达方式包括直接送达、邮寄送达、留置送达、公告送达等，农村土地承包经营纠纷仲裁送达中可以参照执行，但需要明确的是，送达应当以直接送达为原则，凡是能够直接送达的，都应当直接送达，以防止拖延仲裁。

第二十四条 【送达】农村土地承包仲裁委员会应当自受理仲裁申请之日起五个工作日内，将受理通知书、仲裁申请书副本、仲裁规则和仲裁员名册送达被申请人。

第二十五条 【仲裁答辩】被申请人应当自收到仲裁申请书副本之日起十日内向农村土地承包仲裁委员会提交答辩书；书面答辩确有困难的，可以口头答辩，由农村土地承包仲裁委员会记入笔录，经被申请人核实后由其签名、盖章或者按指印。农村土地承包仲裁委员会应当自收到答辩书之日起五个工作日内将答辩书副本送达申请人。被申请人未答辩的，不影响仲裁程序的进行。

▶**理解与适用**：所谓答辩，是指农村土地承包经营纠纷仲裁中，被申请人针对申请人的主张和理由，提出相应的承认、反驳、辩解等观点，并举出相应事实和理由。答辩有广义和狭义之分，广义的答辩可以一直涵盖仲裁全过程，狭义的答辩则专指在仲裁机构送达仲裁申请副本后的答辩，本条规定的，是狭义的答辩。

第二十六条 【财产保全】一方当事人因另一方当事人的行为或者其他原因，可能使裁决不能执行或者难以执行的，可以申请财产保全。

当事人申请财产保全的，农村土地承包仲裁委员会应当将当事人的申请提交被申请人住所地或者财产所在地的基层人民法院。

申请有错误的，申请人应当赔偿被申请人因财产保全所遭受的损失。

▶**理解与适用**：财产保全是指人民法院根据案件当事人申请，对当事人财产采取的一种强制措施，例如查封、扣押、冻结等，以保证将来生效的法律文书得到执行。

按照本条规定，仲裁机构不能直接决定是否采取财产保全，而要提交相关的基层人民法院，由人民法院依照民事诉讼法有关规定进行审查，认为符合法定条件的，可以对有关财产采取查封、扣押、冻结等措施。人民法院采取财产保全措施后，当事人、负责保管的单位和个人不得再转移、变卖、使用该财产，财产属于鲜活农产品等不宜保存的物品时，可以由人民法院进行变卖，然后保存价款。

第三节　仲裁庭的组成

第二十七条　【仲裁员的选定】 仲裁庭由三名仲裁员组成，首席仲裁员由当事人共同选定，其他二名仲裁员由当事人各自选定；当事人不能选定的，由农村土地承包仲裁委员会主任指定。

事实清楚、权利义务关系明确、争议不大的农村土地承包经营纠纷，经双方当事人同意，可以由一名仲裁员仲裁。仲裁员由当事人共同选定或者由农村土地承包仲裁委员会主任指定。

农村土地承包仲裁委员会应当自仲裁庭组成之日起二个工作日内将仲裁庭组成情况通知当事人。

▶**理解与适用**：这里所谓的“不能选定”，不仅仅是当事人主观上无法作出选择，而是指客观上无法选定的结果，既包括双方当事人无法就首席仲裁员达成一致意见，也包括一方或者双方当事人不愿选定、无法选定、拒绝选定仲裁员等情况，例如有可能一方当事人提出了首席仲裁员选定建议，而对方当事人拒不表态的，也属于未达成一致，等同于不能选定。

第二十八条　【回避】 仲裁员有下列情形之一的，必须回避，当事人也有权以口头或者书面方式申请其回避：

（一）是本案当事人或者当事人、代理人的近亲属；

（二）与本案有利害关系；

（三）与本案当事人、代理人有其他关系，可能影响公正仲裁；

（四）私自会见当事人、代理人，或者接受当事人、代理人的请客送礼。

当事人提出回避申请，应当说明理由，在首次开庭前提出。回避事由在首次开庭后知道的，可以在最后一次开庭终结前提出。

▶**理解与适用：**所谓回避，是指仲裁员具有法定情形时，退出对农村土地承包经营纠纷仲裁案件的处理。

与本案有利害关系是指案件的纠纷事项或者裁决结果可能影响仲裁员的经济收入、职务升迁、财产变动等，例如仲裁当事人是仲裁员的债务人，如果在仲裁中失利，可能会失去债务清偿能力，则可以认为仲裁员和本案有利害关系，应当回避。

与本案当事人、代理人有其他关系，可能影响公正仲裁，这种关系既包括同学、战友、结拜兄弟等有利关系，例如仲裁员和当事人正在谈恋爱，也包括仇人、冤家等不利关系，例如代理人曾经举报过仲裁员的违法行为等。只要当事人认为这种关系可能影响仲裁工作公正进行的，就可以申请其回避。

第二十九条　【回避决定】农村土地承包仲裁委员会对回避申请应当及时作出决定，以口头或者书面方式通知当事人，并说明理由。

仲裁员是否回避，由农村土地承包仲裁委员会主任决定；农村土地承包仲裁委员会主任担任仲裁员时，由农村土地承包仲裁委员会集体决定。

仲裁员因回避或者其他原因不能履行职责的，应当依照本法规定重新选定或者指定仲裁员。

第四节　开庭和裁决

第三十条　【仲裁方式】农村土地承包经营纠纷仲裁应当开庭进行。

开庭可以在纠纷涉及的土地所在地的乡（镇）或者村进行，也可以在农村土地承包仲裁委员会所在地进行。当事人双方要求在乡（镇）或者村开庭的，应当在该乡（镇）或者村开庭。

开庭应当公开，但涉及国家秘密、商业秘密和个人隐私以及当事人约定不公开的除外。

▶**理解与适用：**开庭应当公开，要求仲裁庭将仲裁案件有关信息对社会公开，仲裁过程对群众开放，允许案外人旁听仲裁，对仲裁裁决进行公开宣告。但在以下两种情况开庭不适用公开原则：（1）涉及国家秘密、商业秘密和个人隐私的；（2）当事人约定不公开的。

第三十一条 【开庭事宜通知】仲裁庭应当在开庭五个工作日前将开庭的时间、地点通知当事人和其他仲裁参与人。

当事人有正当理由的，可以向仲裁庭请求变更开庭的时间、地点。是否变更，由仲裁庭决定。

第三十二条 【仲裁和解】当事人申请仲裁后，可以自行和解。达成和解协议的，可以请求仲裁庭根据和解协议作出裁决书，也可以撤回仲裁申请。

▶**理解与适用**：[仲裁和解]

仲裁和解是指仲裁委员会受理仲裁申请后，仲裁庭作出仲裁裁决前，双方当事人经过平等、自愿协商，最终就争议事项达成一致处理意见，达成和解协议，从而终结仲裁程序的活动。

仲裁和解的主要特点：（1）从时间上来看，仲裁过程中的和解，需要当事人在仲裁委员会受理仲裁申请后、仲裁裁决作出前进行。除了仲裁过程中的和解，本法同时规定了发生农村土地承包经营纠纷的，当事人可以自行和解（本法第三条），即申请仲裁前的和解，两种和解发生的时间段是不同的。（2）仲裁和解是当事人的完全自愿行为。仲裁过程中，当事人基于处分权，可以对自己的民事权利进行处分而无需第三方介入，这种行为是自愿的，不受仲裁庭的影响。（3）仲裁和解的形式是达成和解协议。

[仲裁和解与仲裁调解区别]

（1）仲裁调解是农村土地承包经营仲裁程序中的一个必经阶段，本法第 11 条规定，仲裁庭对农村土地承包经营纠纷应当进行调解，调解达成协议的，仲裁庭应当制作调解书，调解不成的，应当及时作出裁决（需要注意的是，普通民商事仲裁中的调解不是仲裁程序的必经阶段）。而仲裁和解则完全是当事人根据争议事实，自愿进行的一个过程，当事人不愿进行和解协商的，仲裁庭无权强行要求。

（2）仲裁庭在调解与和解过程中担当的角色不同。仲裁调解，是在仲裁庭的主持下进行，仲裁庭是调解程序的启动者和主持者，对调解活动全面参与，可以对双方进行启发引导，可以为双方能够达成一致意见，积极提出双方可以接受的调解方案。仲裁和解过程，主要是当事人的主动活动，仲裁庭并不居于主持地位，无需干预和解过程，由当事人进行自主协商。

[当事人达成和解协议的法律效果]

(1) 当事人请求仲裁庭根据和解协议作出裁决。

当事人经过协商达成和解协议的，可以请求仲裁庭根据和解协议作出裁决书。仲裁庭根据和解协议作出的裁决书，与经过审理后作出的仲裁裁决具有同等法律效力，即这种裁决对当事人之间的争议具有仲裁上的终局意义，当事人不得就同一事实和理由向仲裁委员会再次提起仲裁。裁决书具有附条件的强制执行效力，即当事人可以自收到裁决书之日起三十日内向人民法院起诉，逾期不起诉的，裁决书即发生法律效力，一方当事人逾期不履行的，另一方当事人可以向被申请人住所地或者财产所在地的基层人民法院申请执行。

(2) 当事人撤回仲裁申请。

当事人经过协商达成和解协议的，认为不需要仲裁庭据此再作裁决的，也可以不申请仲裁庭作出裁决，而是撤回仲裁申请。撤回仲裁申请的，表示仲裁庭不需要再对案件进行审理，同时也意味着当事人通过撤回仲裁申请的方式终结仲裁程序。

达成和解协议后，当事人以撤回仲裁申请的方式终结仲裁程序的，其法律后果与请求仲裁庭据和解协议作出裁决的方式不同。当事人撤回仲裁申请的，只是代表以和解协议的方式重新确定了双方权利义务，和解协议的履行与否不具有仲裁裁决的强制执行力。一方当事人不履行和解协议的，另一方当事人不能根据该协议，向有管辖权的法院申请强制执行。但是，当事人可以就争议事项，重新向有管辖权的仲裁委员会提起仲裁申请或者向法院提起诉讼。

需要注意的是，当事人在和解商谈过程中，必然会对争议事项互相作出必要的妥协或者作出放弃某些财产权益的意思表示，但是，如果当事人最终未能达成和解协议，在之后的仲裁程序中，这种妥协或者放弃权益的意思表示不得作为仲裁庭作出仲裁裁决的根据。

第三十三条 【仲裁请求】申请人可以放弃或者变更仲裁请求。被申请人可以承认或者反驳仲裁请求，有权提出反请求。

▶理解与适用：仲裁申请人对仲裁请求享有处分权，放弃仲裁请求包括全部放弃和部分放弃，一般来说，全部放弃仲裁请求将导致仲裁终结，申请人部分放弃仲裁请求或者变更仲裁请求的，将导致仲裁庭就申请人新的仲裁请求进行审理。被申请人承认对方仲裁请求，表示被申请人全部或者部分接受申请人的实体权利请求。被申请人为了维护自己的合法权益，可以提出理由和证据来反驳对抗申请人的仲裁请求，是仲裁辩论原则的重要体现。

仲裁反请求是指在仲裁程序中，被申请人以申请人为被申请人，向仲裁委员会提出的与原仲裁请求有关联、目的在于对抗原仲裁请求的独立请求。

反请求的特征如下：

(1) 反请求对象的特定性。仲裁反请求只能由原仲裁请求的被申请人针对原仲裁请求的申请人，向受理原仲裁请求的仲裁委员会提出。

(2) 当事人地位的双重性。原仲裁请求被申请人提出反请求后，仲裁双方当事人的法律地位具有双重性，即原仲裁请求的申请人同时是反请求的被申请人，原仲裁请求的被申请人同时是反请求的请求人，双方当事人各自具有双重身份。

(3) 反请求的独立性。反请求虽然在形式上以原仲裁请求的存在为前提，但反请求本身又是一个具有独立性的仲裁请求，具有不依赖于原仲裁请求的独立性，即使离开原仲裁请求也能成立。这种独立性具体表现在：一是仲裁被申请人提出的反请求一经受理，不受原仲裁申请人行为的影响，如果原仲裁申请人撤回申请，并不导致反请求的仲裁程序终结，反之亦然；二是如果仲裁被申请人不在仲裁过程中提出反请求，也可以直接向有管辖权的仲裁委员会提出独立请求而开始新仲裁程序。

(4) 反请求提起时间上的限定性。反请求的提起必须在原仲裁请求被受理、仲裁程序进行当中这一时间段提起，否则反请求将失去抵销、对抗原仲裁请求的实际意义。

(5) 反请求的对抗性。被申请人提起反请求的主要目的在于对抗原仲裁请求，这种对抗表现为抵销、排斥原仲裁请求，或者使原仲裁请求失去意义。

(6) 反请求与原仲裁请求的关联性。关联性主要体现在反请求与原仲裁请求的内容与理由是基于同一事实或者同一法律关系。

仲裁被申请人应当向受理原仲裁请求的同一仲裁委员会提出反请求，仲裁委员会收到被申请人提出的反请求后，应当对反请求进行审查，对于符合仲裁受理条件的反请求应当予以受理，并将反请求书与原仲裁请求合并审理；对于不符合条件的反请求不予受理，书面通知被申请人并说明理由。

第三十四条　【撤回仲裁申请】仲裁庭作出裁决前，申请人撤回仲裁申请的，除被申请人提出反请求的外，仲裁庭应当终止仲裁。

▶理解与适用：撤回仲裁申请，是申请人行使处分权的表现之一，是指仲裁委员会已经受理当事人的仲裁申请后，在仲裁庭作出仲裁裁决前，申请人向仲裁庭提出撤回自己的仲裁申请，不再要求仲裁庭对案件继续进行审理的行为。

第三十五条　【缺席裁决】申请人经书面通知，无正当理由不到庭或者未经仲裁庭许可中途退庭的，可以视为撤回仲裁申请。

被申请人经书面通知，无正当理由不到庭或者未经仲裁庭许可中途退庭的，可以缺席裁决。

▶理解与适用：视为撤回仲裁申请是指在仲裁过程中，申请人虽然未主动提出撤回仲裁申请，但是出现法律规定的特殊情形，仲裁庭可以视为申请人撤回仲裁申请，按撤回仲裁申请处理仲裁案件。

注意，如果申请人确有正当理由不能到庭，如遭遇地震、火灾等自然灾害或者突生疾病等，仲裁庭应当根据实际情况决定延期开庭，不可径行视为申请人撤回仲裁申请，申请人是否有正当理由不到庭，由仲裁庭判定。

缺席裁决是相对于对席裁决的裁决方式。缺席裁决是指在被申请人没有正当理由，未到庭参加仲裁活动的情况下，仲裁庭仅对到庭的申请人进行调查，并对当事人提供的书面材料进行审查，在此基础上作出仲裁裁决。对席裁决是指仲裁双方当事人均到庭参加仲裁活动的情况下，仲裁庭对到庭双方当事人进行调查、审核证据，双方当事人充分陈述事实、进行辩论，在此基础上仲裁庭作出仲裁裁决。

第三十六条 【仲裁庭审】当事人在开庭过程中有权发表意见、陈述事实和理由、提供证据、进行质证和辩论。对不通晓当地通用语言文字的当事人，农村土地承包仲裁委员会应当为其提供翻译。

▶**理解与适用**：当事人陈述是指当事人就自己经历的案件事实，向仲裁庭所作的叙述和说明。当事人陈述具有两个方面的特点。一方面，陈述具有一定的客观性和较强的可信性。当事人是案件事实的亲历者，对案件事实的发生和纠纷、争议的具体情况最为清楚，他们的陈述对揭示案件的真实情况具有重要参考意义。另一方面，陈述又具有一定的片面性和虚假性。由于当事人与案件具有直接利害关系，利益互相对立，为求胜诉，当事人有可能在陈述过程中夸大或者缩小部分事实，隐瞒甚至歪曲部分事实，作虚假陈述。正因为当事人陈述同时具有客观性和片面性两个方面的特点，仲裁庭在听取当事人陈述时，应当认真分析、综合考虑，既要将双方当事人的陈述作为认定案件事实的重要依据，同时必须结合案件的其他证据，以对案件事实作出正确判断。当事人拒绝陈述，并不影响仲裁庭根据其他证据对案件事实作出认定。

仲裁中的证据是指能证明案件真实情况的一切事实，一般认为，仲裁证据具有以下特点：(1) 客观性。即证据必须是客观存在的事实，是独立于主观意志之外的客观存在，主观臆断的事实不能作为仲裁证据。(2) 关联性。即证据必须与仲裁案件的待证事实具有客观的联系。关联性是证据的基本属性，只有某一客观事实与案件有密切联系时，才能作为证据，与案件无关的事实不能作为证据。(3) 合法性。即作为证据的事实必须符合法律规定的形式，并且证据的收集、调查、保全必须符合法律规定的程序。

第三十七条 【证据规则】当事人应当对自己的主张提供证据。与纠纷有关的证据由作为当事人一方的发包方等掌握管理的，该当事人应当在仲裁庭指定的期限内提供，逾期不提供的，应当承担不利后果。

▶**理解与适用**：在农村土地承包仲裁中，双方当事人都会提出自己的请求和主张，那么双方当事人都要为证明自己的请求和主张成立提交证据，也就是说“谁主张，谁举证”。但在某些情况下，当事人在收集有利证据时会遇到一些客观上的困难，典型的情况就例如本条第二句所规定的“与纠纷有关的证据由作为当事人一方的发包方等掌握管理”的情形，在这种情况下，为了查明农村土地承包经营纠纷真实情况，就必须对掌握管理与纠纷有关的证据且作为当事人一方的发包方等人课以提供证据的义务，由他们来提交他们所掌握和管理的解决纠纷所需的证据。

“逾期不提供的，应当承担不利后果”。所谓逾期不提供的，指的是没有正当理由，未能在指定期限内提供其所掌握或者管理的与纠纷有关的证据。对于该点的理解，一是要注意由于是该方当事人掌握和管理有关证据，在提供证据方面应当不会存在多大困难，因此应当从严把握“正当理由”的界定；二是要注意不需要考虑是否是“故意”或“过失”逾期不提供，因为这里不存在主观状态的考量，只要在客观上有了逾期不提供的事实，就应当裁决其承担不利后果。而所谓不利后果，则主要是指就此推定对方当事人与该未提供的证据有关的主张成立，从而支持对方当事人的有关仲裁请求。

第三十八条　【证据收集】仲裁庭认为有必要收集的证据，可以自行收集。

▶理解与适用：应当明确当事人提供证据和仲裁庭自行收集证据这二者的关系：（1）仲裁庭自行收集证据是对当事人提供证据的补充。根据前一条的规定，当事人要提供证据证明其主张，掌握和管理有关证据的当事人应当按期提交该相关证据，仲裁庭的证据收集，是对当事人证据收集和提供能力不足的补充，是在当事人无法收集有关证据或者未注意到该有关证据时所进行的证据收集。（2）不要过于频繁使用仲裁庭的证据收集权。因为农村土地承包纠纷的解决，应当立足于当事人自由意思的合意，应当突出当事人在解决纠纷过程中的主体地位，要使当事人意识到纠纷的解决与自己提供的证据是分不开的。不能因为有了仲裁庭的证据收集权，而使当事人产生举证懒惰心理，要避免当事人产生举证依赖心理的错误倾向。

第三十九条　【鉴定】仲裁庭对专门性问题认为需要鉴定的，可以交由当事人约定的鉴定机构鉴定；当事人没有约定的，由仲裁庭指定的鉴定机构鉴定。

根据当事人的请求或者仲裁庭的要求，鉴定机构应当派鉴定人参加开庭。当事人经仲裁庭许可，可以向鉴定人提问。

▶理解与适用：所谓鉴定，指的是鉴定人运用科学技术或者专门知识对纠纷涉及的专门性问题进行鉴别和判断并提供鉴定意见的活动。

为了表明所作出的鉴定结论的科学性和耐质疑性，鉴定人应当根据当事人的请求或者仲裁庭的要求出庭对其作出鉴定结论的理由和依据进行解释说明，并接受仲裁庭和双方当事人的询问。

第四十条 【质证】证据应当在开庭时出示，但涉及国家秘密、商业秘密和个人隐私的证据不得在公开开庭时出示。

仲裁庭应当依照仲裁规则的规定开庭，给予双方当事人平等陈述、辩论的机会，并组织当事人进行质证。

经仲裁庭查证属实的证据，应当作为认定事实的根据。

▶理解与适用：作为决定纠纷裁决结果的证据，必须要在仲裁庭开庭时加以出示并由当事人双方进行质证。出示的证据既包括当事人双方收集提供的证据，也包括仲裁庭自行收集的证据。例外的场合主要是涉及国家秘密、商业秘密和个人隐私三种情形。需要注意的是，不公开出示并不表示不出示。“证据应当在开庭时出示”这是不变的原则，只是是否“公开”出示有所不同。不得公开出示的证据应当在仅有仲裁庭和双方当事人在场的情形下加以出示，而不向公众展示。

第四十一条 【证据保全】在证据可能灭失或者以后难以取得的情况下，当事人可以申请证据保全。当事人申请证据保全的，农村土地承包仲裁委员会应当将当事人的申请提交证据所在地的基层人民法院。

▶理解与适用：证据保全是指在证据可能灭失或以后难以取得的情况下，人民法院依据职权对证据资料采取收存等方法，以保持其证明作用的措施。

证据保全措施的对象可以是证人证言、物证、书证等。采取证据保全的主要方法有三种：一是向证人进行询问调查，记录证人证言；二是对文书、物品等进行拍照、录像、抄写或者用其他方法加以复制；三是对证据进行鉴定或者勘验。

第四十二条 【先行裁定】对权利义务关系明确的纠纷，经当事人申请，仲裁庭可以先行裁定维持现状、恢复农业生产以及停止取土、占地等行为。

一方当事人不履行先行裁定的，另一方当事人可以向人民法院申请执行，但应当提供相应的担保。

▶**理解与适用**：先行裁定是对有关程序事项做出的规定。该制度不同于诉讼、民商事仲裁、劳动仲裁中先行裁决的制度，先行裁决是对实体问题作出的决定，是对案件中事实清楚的部分予以先行裁决。

根据本条规定，先行裁定制度需要符合以下几个方面的要求：

一是纠纷权利义务关系明确。申请先行裁定的案件，必须是权利义务关系比较明确的纠纷。权利义务不明确不能申请先行裁定，否则容易侵害当事人的合法权益。

二是经当事人申请。启动先行裁定制度的程序需要由当事人申请，当事人不主动申请，仲裁庭不得主动作出先行裁定的决定。

三是仲裁庭可以作出维持现状、恢复农业生产以及停止取土、占地等行为的先行裁定。

四是申请先行裁定执行的，需要提交担保。如果一方当事人不履行先行裁定，另一方当事人可以向人民法院申请执行，但应当提供相应的担保。提供担保的目的是防止执行错误给当事人的合法权益造成侵害。

第四十三条 【开庭笔录】仲裁庭应当将开庭情况记入笔录，由仲裁员、记录人员、当事人和其他仲裁参与人签名、盖章或者按指印。

当事人和其他仲裁参与人认为对自己陈述的记录有遗漏或者差错的，有权申请补正。如果不予补正，应当记录该申请。

第四十四条 【仲裁裁决】仲裁庭应当根据认定的事实和法律以及国家政策作出裁决并制作裁决书。

裁决应当按照多数仲裁员的意见作出，少数仲裁员的不同意见可以记入笔录。仲裁庭不能形成多数意见时，裁决应当按照首席仲裁员的意见作出。

▶**理解与适用**：所谓裁决，是指仲裁庭依据案件事实和有关法律规定，对当事人申请仲裁有关实体权利的请求事项作出的确认当事人之间的权利义务关系的有法律约束力的书面结论性判定。

第四十五条 【裁决书】 裁决书应当写明仲裁请求、争议事实、裁决理由、裁决结果、裁决日期以及当事人不服仲裁裁决的起诉权利、期限，由仲裁员签名，加盖农村土地承包仲裁委员会印章。

农村土地承包仲裁委员会应当在裁决作出之日起三个工作日内将裁决书送达当事人，并告知当事人不服仲裁裁决的起诉权利、期限。

第四十六条 【独立仲裁原则】 仲裁庭依法独立履行职责，不受行政机关、社会团体和个人的干涉。

第四十七条 【仲裁时限】 仲裁农村土地承包经营纠纷，应当自受理仲裁申请之日起六十日内结束；案情复杂需要延长的，经农村土地承包仲裁委员会主任批准可以延长，并书面通知当事人，但延长期限不得超过三十日。

第四十八条 【裁决效力】 当事人不服仲裁裁决的，可以自收到裁决书之日起三十日内向人民法院起诉。逾期不起诉的，裁决书即发生法律效力。

▶**理解与适用**：农村土地承包仲裁与商事仲裁的重要区别之一就是当事人对仲裁裁决不服的可以向法院起诉。而商事仲裁实行或裁或审和一裁终局的制度，即当事人通过仲裁协议选择了仲裁，就不能再向法院起诉。除非仲裁协议无效的，法院才可以受理当事人的起诉。

本条有以下几点需要明确：

第一，当事人对仲裁裁决不服，向法院起诉，这个诉讼应以原来仲裁时的对方当事人为被告，向法院提起诉讼。

第二，法院受理案件后，在审理过程中不受仲裁裁决的影响，而且不是撤销仲裁裁决，要求原仲裁机构重新进行仲裁。法院应当根据查明的事实，依法作出判决。也就是说，当事人对仲裁裁决不服向法院起诉后，仲裁裁决自动失去了效力，纠纷如何解决全由法院判决。这有别于我国仲裁法第5章规定的申请撤销仲裁裁决之诉。

第三，当事人逾期不起诉的，裁决书即发生法律效力。当事人应当履行裁决，一方当事人不履行的，另一方当事人可以依照我国民事诉讼法的有关规定，向人民法院申请强制执行。

第四，仲裁不是诉讼的前置程序，当事人可以直接将纠纷提请法院解决。

第四十九条 【申请执行】当事人对发生法律效力的调解书、裁决书，应当依照规定的期限履行。一方当事人逾期不履行的，另一方当事人可以向被申请人住所地或者财产所在地的基层人民法院申请执行。受理申请的人民法院应当依法执行。

▶**理解与适用**：根据民事诉讼法的规定，发生法律效力的民事判决、裁定，由第一审人民法院或者与第一审人民法院同级的被执行的财产所在地人民法院执行。由人民法院执行的调解书，由被执行人住所地或者被执行的财产所在地人民法院执行。

申请执行的期间为二年。申请执行时效的中止、中断，适用法律有关诉讼时效中止、中断的规定。期间从法律文书规定履行期间的最后一日起计算；法律文书规定分期履行的，从规定的每次履行期间的最后一日起计算；法律文书未规定履行期间的，从法律文书生效之日起计算。

第四章 附 则

第五十条 【农村土地界定】本法所称农村土地，是指农民集体所有和国家所有依法由农民集体使用的耕地、林地、草地，以及其他依法用于农业的土地。

第五十一条 【仲裁规则等的制定】农村土地承包经营纠纷仲裁规则和农村土地承包仲裁委员会示范章程，由国务院农业、林业行政主管部门依照本法规定共同制定。

第五十二条 【仲裁不收费】农村土地承包经营纠纷仲裁不得向当事人收取费用，仲裁工作经费纳入财政预算予以保障。

▶**理解与适用**：农村土地承包经营纠纷仲裁不得向当事人收取费用。不向当事人收取仲裁费用，是农村土地承包经营纠纷仲裁区别于一般民商事仲裁的显著特征。在坚持仲裁民间性特点的同时，突出强调了农村土地承包经营纠纷仲裁的特殊性和公益服务性质。

第五十三条 【施行日期】本法自 2010 年 1 月 1 日起施行。

最高人民法院关于审理涉及农村土地承包经营纠纷调解仲裁案件适用法律若干问题的解释

（2013 年 12 月 27 日最高人民法院审判委员会第 1601 次会议通过　根据 2020 年 12 月 23 日最高人民法院审判委员会第 1823 次会议通过的《最高人民法院关于修改〈最高人民法院关于在民事审判工作中适用《中华人民共和国工会法》若干问题的解释〉等二十七件民事类司法解释的决定》修正）

为正确审理涉及农村土地承包经营纠纷调解仲裁案件，根据《中华人民共和国农村土地承包法》《中华人民共和国农村土地承包经营纠纷调解仲裁法》《中华人民共和国民事诉讼法》等法律的规定，结合民事审判实践，就审理涉及农村土地承包经营纠纷调解仲裁案件适用法律的若干问题，制定本解释。

第一条　农村土地承包仲裁委员会根据农村土地承包经营纠纷调解仲裁法第十八条规定，以超过申请仲裁的时效期间为由驳回申请后，当事人就同一纠纷提起诉讼的，人民法院应予受理。

第二条　当事人在收到农村土地承包仲裁委员会作出的裁决书之日起三十日后或者签收农村土地承包仲裁委员会作出的调解书后，就同一纠纷向人民法院提起诉讼的，裁定不予受理；已经受理的，裁定驳回起诉。

第三条　当事人在收到农村土地承包仲裁委员会作出的裁决书之日起三十日内，向人民法院提起诉讼，请求撤销仲裁裁决的，人民法院应当告知当事人就原纠纷提起诉讼。

第四条　农村土地承包仲裁委员会依法向人民法院提交当事人财产保全申请的，申请财产保全的当事人为申请人。

农村土地承包仲裁委员会应当提交下列材料：

（一）财产保全申请书；

（二）农村土地承包仲裁委员会发出的受理案件通知书；

（三）申请人的身份证明；

（四）申请保全财产的具体情况。

人民法院采取保全措施，可以责令申请人提供担保，申请人不提供担保的，裁定驳回申请。

第五条 人民法院对农村土地承包仲裁委员会提交的财产保全申请材料，应当进行审查。符合前条规定的，应予受理；申请材料不齐全或不符合规定的，人民法院应当告知农村土地承包仲裁委员会需要补齐的内容。

人民法院决定受理的，应当于三日内向当事人送达受理通知书并告知农村土地承包仲裁委员会。

第六条 人民法院受理财产保全申请后，应当在十日内作出裁定。因特殊情况需要延长的，经本院院长批准，可以延长五日。

人民法院接受申请后，对情况紧急的，必须在四十八小时内作出裁定；裁定采取保全措施的，应当立即开始执行。

第七条 农村土地承包经营纠纷仲裁中采取的财产保全措施，在申请保全的当事人依法提起诉讼后，自动转为诉讼中的财产保全措施，并适用《最高人民法院关于适用〈中华人民共和国民事诉讼法〉的解释》第四百八十七条关于查封、扣押、冻结期限的规定。

第八条 农村土地承包仲裁委员会依法向人民法院提交当事人证据保全申请的，应当提供下列材料：

（一）证据保全申请书；

（二）农村土地承包仲裁委员会发出的受理案件通知书；

（三）申请人的身份证明；

（四）申请保全证据的具体情况。

对证据保全的具体程序事项，适用本解释第五、六、七条关于财产保全的规定。

第九条 农村土地承包仲裁委员会作出先行裁定后，一方当事人依法向被执行人住所地或者被执行的财产所在地基层人民法院申请执行的，人民法院应予受理和执行。

申请执行先行裁定的，应当提供以下材料：

（一）申请执行书；

（二）农村土地承包仲裁委员会作出的先行裁定书；

（三）申请执行人的身份证明；

（四）申请执行人提供的担保情况；

（五）其他应当提交的文件或证件。

第十条 当事人根据农村土地承包经营纠纷调解仲裁法第四十九条规定，向人民法院申请执行调解书、裁决书，符合《最高人民法院关于人民法院执行工作若干问题的规定（试行）》第十六条规定条件的，人民法院应予受理和执行。

第十一条 当事人因不服农村土地承包仲裁委员会作出的仲裁裁决向人民法院提起诉讼的，起诉期从其收到裁决书的次日起计算。

第十二条 本解释施行后，人民法院尚未审结的一审、二审案件适用本解释规定。本解释施行前已经作出生效裁判的案件，本解释施行后依法再审的，不适用本解释规定。

中华人民共和国土地管理法（节录）

（1986年6月25日第六届全国人民代表大会常务委员会第十六次会议通过　根据1988年12月29日第七届全国人民代表大会常务委员会第五次会议《关于修改〈中华人民共和国土地管理法〉的决定》第一次修正　1998年8月29日第九届全国人民代表大会常务委员会第四次会议修订　根据2004年8月28日第十届全国人民代表大会常务委员会第十一次会议《关于修改〈中华人民共和国土地管理法〉的决定》第二次修正　根据2019年8月26日第十三届全国人民代表大会常务委员会第十二次会议《关于修改〈中华人民共和国土地管理法〉、〈中华人民共和国城市房地产管理法〉的决定》第三次修正）

第一章　总　　则

第一条　【立法目的】为了加强土地管理，维护土地的社会主义公有制，保护、开发土地资源，合理利用土地，切实保护耕地，促进社会经济的可持续发展，根据宪法，制定本法。

第二条　【基本土地制度】中华人民共和国实行土地的社会主义公有制，即全民所有制和劳动群众集体所有制。

全民所有，即国家所有土地的所有权由国务院代表国家行使。

任何单位和个人不得侵占、买卖或者以其他形式非法转让土地。土地使用权可以依法转让。

国家为了公共利益的需要，可以依法对土地实行征收或者征用并给予补偿。

国家依法实行国有土地有偿使用制度。但是，国家在法律规定的范围内划拨国有土地使用权的除外。

第三条　【土地基本国策】十分珍惜、合理利用土地和切实保护耕地是我国的基本国策。各级人民政府应当采取措施，全面规划，严格管理，保护、开发土地资源，制止非法占用土地的行为。

第四条　【土地用途管制制度】国家实行土地用途管制制度。

国家编制土地利用总体规划，规定土地用途，将土地分为农用地、建设用地和未利用地。严格限制农用地转为建设用地，控制建设用地总量，对耕地实行特殊保护。

前款所称农用地是指直接用于农业生产的土地，包括耕地、林地、草地、农田水利用地、养殖水面等；建设用地是指建造建筑物、构筑物的土地，包括城乡住宅和公共设施用地、工矿用地、交通水利设施用地、旅游用地、军事设施用地等；未利用地是指农用地和建设用地以外的土地。

使用土地的单位和个人必须严格按照土地利用总体规划确定的用途使用土地。

第五条　【土地管理体制】国务院自然资源主管部门统一负责全国土地的管理和监督工作。

县级以上地方人民政府自然资源主管部门的设置及其职责，由省、自治区、直辖市人民政府根据国务院有关规定确定。

第六条　【国家土地督察制度】国务院授权的机构对省、自治区、直辖市人民政府以及国务院确定的城市人民政府土地利用和土地管理情况进行督察。

第七条　【单位和个人的土地管理权利和义务】任何单位和个人都有遵守土地管理法律、法规的义务，并有权对违反土地管理法律、法规的行为提出检举和控告。

第八条　【奖励】在保护和开发土地资源、合理利用土地以及进行有关的科学研究等方面成绩显著的单位和个人，由人民政府给予奖励。

第二章　土地的所有权和使用权

第九条　【土地所有制】城市市区的土地属于国家所有。

农村和城市郊区的土地，除由法律规定属于国家所有的以外，属于农民集体所有；宅基地和自留地、自留山，属于农民集体所有。

▶理解与适用：宅基地，主要是指农民用于建造住房及其附属设施的一定范围内的土地；自留地是指我国农业合作化以后农民集体经济组织分配给本集体经济组织成员（村民）长期使用的土地；自留山是指农民集体经济组织分配给农民长期使用的少量的柴山和荒坡。

▶条文参见

《宪法》第9、10条；《土地权属争议调查处理办法》

▶典型案例指引

1. 杨某荣与杨某华土地承包经营权纠纷上诉案（昆明市中级人民法院民事判决书〔2009〕昆民一终字第36号）

案件适用要点：农村土地的所有者是农村集体经济组织，农户家庭作为农村土地的承包方，其享有的是承包经营权，而该权利需与村集体经济组织或者村民委员会通过签订承包合同来取得。上诉人认为本案争议的土地是自留地，不是承包地，但自留地是集体所有、由农民长期使用的农村土地，其经营权利的取得、流转同样要受《土地管理法》、《农村土地承包法》调整，并无特别规定。

2. 娄某某与某村村民委员会返还土地纠纷上诉案（河南省新乡市中级人民法院民事判决书〔2010〕新中民四终字第271号）

案件适用要点：农村土地属于农民集体所有，依法属于农民集体所有的土地由村集体经济组织或村民委员会经营、管理。当事人双方所争议的土地依法应归村集体所有，由该村村委会经营、管理、使用。村民可以通过承包方式取得土地的承包经营权，若村民未与该村村委会签订土地承包合同耕种该地，又未向村委会交纳承包费等费用，其没有合法根据无偿使用村委会的土地，其行为侵害了村集体的合法权益，该村民应当退还土地，并应当赔偿损失。

第十条　【土地使用权】国有土地和农民集体所有的土地，可以依法确定给单位或者个人使用。使用土地的单位和个人，有保护、管理和合理利用土地的义务。

▶理解与适用：本条是关于土地使用权的规定，体现了土地的所有权和使用权相分离的基本原则。虽然国家和农民集体拥有土地，但是政府机构、企事业单位、社会团体、个人等都可以在符合法律规定的情况下，办理相关手续，取得合理利用土地的权利并获取收益，这并不意味着其对土地的使用可以不受任何限制，还是应当承担保护、管理和合理利用土地的义务，根据土地的自然属性和经济属性的不同，科学使用土地，防止水土流失和盐渍化。

［国有土地依法确定给单位或个人使用的方式］

（1）土地划拨。即土地使用者只需按照一定程序提出申请，经法定机关批准即可取得土地使用权，无须向土地所有者交付租金及其他费用。（2）土地使用权出让。即国家以土地所有者的身份将土地使用权在一定年限内让与土地使用者，并由土地使用者向国家支付土地使用权出让金的行为。土地使用权出让应当签订出让合同。土地使用权出让合同，是指市、县人民政府自然资源主管部门作为出让方将国有土地使用权在一定年限内让与受让方，受让方支付土地使用权出让金的合同。

［国有土地依法确定给单位或个人使用后，其使用权可否进入市场流转］

根据《城镇国有土地使用权出让和转让暂行条例》的相关规定，以出让方式有偿取得的土地使用权可以依法转让、出租、抵押或继承。而根据该条例第44条的规定，除法定的特殊情况外，以土地划拨方式无偿取得的土地使用权则不得转让、出租、抵押。但是，根据该条例第45条的规定，符合下列条件的，经市、县人民政府土地管理部门和房产管理部门批准，其划拨土地使用权和地上建筑物、其他附着物所有权可以转让、出租、抵押：（1）土地使用者为公司、企业、其他经济组织和个人；（2）领有国有土地使用证；（3）具有地上建筑物、其他附着物合法的产权证明；(4) 依法签订土地使用权出让合同，向当地市、县人民政府补交土地使用权出让金或者以转让、出租、抵押所获收益抵交土地使用权出让金。

通过土地划拨方式取得的国有土地使用权，必须依法转变为出让土地使用权之后，方可进入市场交易或流转。

▶**条文参见**

《民法典》第324条；《农村土地承包法》第2、21条；《城市房地产管理法》第2条；《城镇国有土地使用权出让和转让暂行条例》第12、44、45条；《最高人民法院关于审理涉及国有土地使用权合同纠纷案件适用法律问题的解释》

▶**典型案例指引**

1. 杨延虎等贪污案（最高人民法院指导案例11号）

案件适用要点：土地使用权具有财产性利益，属于《刑法》第382条第1款规定中的“公共财物”，可以成为贪污的对象。

2. 山西某房地产开发有限公司与某重型机械（集团）有限公司土地使用权转让合同纠纷案（《中华人民共和国最高人民法院公报》2008年第3期）

案件适用要点：划拨土地，指土地使用者通过除出让土地使用权以外的其他各种方式依法取得的国有土地。《最高人民法院关于审理涉及国有土地使用权合同纠纷案件适用法律问题的解释》第9条（现为第13条）规定：“转让方未取得出让土地使用权证书与受让方订立合同转让土地使用权，起诉前转让方已经取得出让土地使用权证书或者有批准权的人民政府同意转让的，应当认定合同有效。”对于划拨的土地，即使转让方在签署合同时无土地使用权证，也不导致合同必然无效，只要转让方在起诉之前取得土地使用权证的，或者有批准权的政府主管部门同意转让的，合同是双方的真实意思表示，不存在规避法律，损害国家利益的行为，应认定该合同是合法有效的。本案中，《协议书》是双方在平等的基础上，自愿协商达成的协议，是双方真实的意思表示。《协议书》不仅详细地约定了所转让土地的面积、价格、付款方式、违约责任，还具体约定了双方权利义务及履行程序。《协议书》签订时，某房地产公司及某重型机械公司均知道该宗土地属于划拨用地，所以在《协议书》第三条8约定：由某重型机械公司负责办理土地出让手续；第三条9约定：某重型机械公司土地出让手续办理完毕，即为某房地产公司办理土地使用权转让手续。这一缔约行为并没有规避法律损害国家利益，事实上，某重型机械公司和某房地产公司正是按照上述约定完成该宗土地使用权转让的。因此，《协议书》合法有效。

第十一条 【集体所有土地的经营和管理】 农民集体所有的土地依法属于村农民集体所有的，由村集体经济组织或者村民委员会经营、管理；已经分别属于村内两个以上农村集体经济组织的农民集体所有的，由村内各该农村集体经济组织或者村民小组经营、管理；已经属于乡（镇）农民集体所有的，由乡（镇）农村集体经济组织经营、管理。

第十二条 【土地所有权和使用权登记】 土地的所有权和使用权的登记，依照有关不动产登记的法律、行政法规执行。

依法登记的土地的所有权和使用权受法律保护，任何单位和个人不得侵犯。

第十三条 【土地承包经营】 农民集体所有和国家所有依法由农民集体使用的耕地、林地、草地，以及其他依法用于农业的土地，采取农村集体经济组织内部的家庭承包方式承包，不宜采取家庭承包方式的荒山、荒沟、荒丘、荒滩等，可以采取招标、拍卖、公开协商等方式承包，从事种植业、林业、畜牧业、渔业生产。家庭承包的耕地的承包期为三十年，草地的承包期为三十年至五十年，林地的承包期为三十年至七十年；耕地承包期届满后再延长三十年，草地、林地承包期届满后依法相应延长。

国家所有依法用于农业的土地可以由单位或者个人承包经营，从事种植业、林业、畜牧业、渔业生产。

发包方和承包方应当依法订立承包合同，约定双方的权利和义务。承包经营土地的单位和个人，有保护和按照承包合同约定的用途合理利用土地的义务。

▶**理解与适用**：本条分别对农村土地的家庭承包及承包的期限，“四荒地”等其他农村土地的承包，国有农用地的承包经营，以及订立承包合同并履行保护和合理利用土地义务作出了规定。

为与农村土地承包法的内容相衔接，本条第1款一是明确土地承包经营权的客体：农民集体所有的土地和国家所有依法由农民集体使用的耕地、林地、草地，以及其他依法用于农业的土地。二是明确土地承包经营权的主体：对一般农用地而言，以家庭承包方式设立的土地承包经营权，其主体必须是本集体经济组织成员所组成的农户，具有特定的身份性；“四荒地”（荒山、荒沟、荒丘和荒滩）土地承包人则无身份限制，除了本集体经济组织成员，其他集体经济组织成员以及城镇居民或组织也可作为承包人，在同等条件下，本集体经济组织成员享有优先承包权。三是土地承包经营的方式为以取农村集体经济组织内部的家庭承包方式承包为主，不宜采取家庭承包方式的“四荒地”等，可以采取招标、拍卖、公开协商等方式承包。四是明确土地承包经营合同的期限。

本条第2款规定，国家所有依法用于农业的土地可以由单位或者个人承包经营，从事种植业、林业、畜牧业、渔业生产。国有土地承包经营应根据本条规定和其他有关法律的规定订立承包经营合同，约定双方的权利和义务。

本条第3款一是规定，发包方和承包方应当依法订立承包合同。承包合同是明确发包方、承包方的权利义务关系并具有法律效力的文书，是承包方依法承包国家和集体所有土地的合法依据，是约定当事人双方权利义务的重要凭证。本条规定的承包合同，包括农村土地家庭承包合同、其他方式承包的土地承包合同和国有农用地承包经营合同三种。承包合同一般包括以下条款：发包方、承包方的名称，发包方负责人和承包方代表的姓名、住所；承包土地的名称、坐落、面积、质量等级；承包期限和起止日期；承包土地的用途；发包方和承包方的权利和义务；违约责任等。承包合同自成立之日起生效。二是规定承包经营土地的单位和个人，有保护和按照承包合同约定的用途合理利用土地的义务。

▶条文参见

《民法典》第261条；《农村土地承包法》第14－18、21条；《农村土地经营权流转管理办法》

第十四条　【土地所有权和使用权争议解决】土地所有权和使用权争议，由当事人协商解决；协商不成的，由人民政府处理。

单位之间的争议，由县级以上人民政府处理；个人之间、个人与单位之间的争议，由乡级人民政府或者县级以上人民政府处理。

当事人对有关人民政府的处理决定不服的，可以自接到处理决定通知之日起三十日内，向人民法院起诉。

在土地所有权和使用权争议解决前，任何一方不得改变土地利用现状。

……

第七章　法律责任

第七十四条　【非法转让土地的法律责任】买卖或者以其他形式非法转让土地的，由县级以上人民政府自然资源主管部门没收违法所得；对违反土地利用总体规划擅自将农用地改为建设用地的，限期拆除在非法转让的土地上新建的建筑物和其他设施，恢复土地原状，对符合土地利用总体规划的，没收在非法转让的土地上新建的建筑物和其他设施；可以并处罚款；对直接负责的主管人员和其他直接责任人员，依法给予处分；构成犯罪的，依法追究刑事责任。

第七十五条　【破坏耕地的法律责任】违反本法规定，占用耕地建窑、建坟或者擅自在耕地上建房、挖砂、采石、采矿、取土等，破坏种植条件的，或者因开发土地造成土地荒漠化、盐渍化的，由县级以上人民政府自然资源主管部门、农业农村主管部门等按照职责责令限期改正或者治理，可以并处罚款；构成犯罪的，依法追究刑事责任。

第七十六条　【不履行复垦义务的法律责任】违反本法规定，拒不履行土地复垦义务的，由县级以上人民政府自然资源主管部门责令限期改正；逾期不改正的，责令缴纳复垦费，专项用于土地复垦，可以处以罚款。

第七十七条　【非法占用土地的法律责任】未经批准或者采取欺骗手段骗取批准，非法占用土地的，由县级以上人民政府自然资源主管部门责令退还非法占用的土地，对违反土地利用总体规划擅自将农用地改为建设用地的，限期拆除在非法占用的土地上新建的建筑物和其他设施，恢复土地原状，对符合土地利用总体规划的，没收在非法占用的土地上新建的建筑物和其他设施，可以并处罚款；对非法占用土地单位的直接负责的主管人员和其他直接责任人员，依法给予处分；构成犯罪的，依法追究刑事责任。

超过批准的数量占用土地，多占的土地以非法占用土地论处。

第七十八条　【非法占用土地建住宅的法律责任】农村村民未经批准或者采取欺骗手段骗取批准，非法占用土地建住宅的，由县级以上人民政府农业农村主管部门责令退还非法占用的土地，限期拆除在非法占用的土地上新建的房屋。

超过省、自治区、直辖市规定的标准，多占的土地以非法占用土地论处。

第七十九条　【非法批准征收、使用土地的法律责任】无权批准征收、使用土地的单位或者个人非法批准占用土地的，超越批准权限非法批准占用土地的，不按照土地利用总体规划确定的用途批准用地的，或者违反法律规定的程序批准占用、征收土地的，其批准文件无效，对非法批准征收、使用土地的直接负责的主管人员和其他直接责任人员，依法给予处分；构成犯罪的，依法追究刑事责任。非法批准、使用的土地应当收回，有关当事人拒不归还的，以非法占用土地论处。

非法批准征收、使用土地，对当事人造成损失的，依法应当承担赔偿责任。

第八十条　【非法侵占、挪用征地补偿费的法律责任】侵占、挪用被征收土地单位的征地补偿费用和其他有关费用，构成犯罪的，依法追究刑事责任；尚不构成犯罪的，依法给予处分。

第八十一条　【拒不交还土地、不按照批准用途使用土地的法律责任】依法收回国有土地使用权当事人拒不交出土地的，临时使用土地期满拒不归还的，或者不按照批准的用途使用国有土地的，由县级以上人民政府自然资源主管部门责令交还土地，处以罚款。

第八十二条　【擅自将集体土地用于非农业建设和集体经营性建设用地违法入市的法律责任】擅自将农民集体所有的土地通过出让、转让使用权或者出租等方式用于非农业建设，或者违反本法规定，将集体经营性建设用地通过出让、出租等方式交由单位或者个人使用的，由县级以上人民政府自然资源主管部门责令限期改正，没收违法所得，并处罚款。

第八十三条 【责令限期拆除的执行】依照本法规定，责令限期拆除在非法占用的土地上新建的建筑物和其他设施的，建设单位或者个人必须立即停止施工，自行拆除；对继续施工的，作出处罚决定的机关有权制止。建设单位或者个人对责令限期拆除的行政处罚决定不服的，可以在接到责令限期拆除决定之日起十五日内，向人民法院起诉；期满不起诉又不自行拆除的，由作出处罚决定的机关依法申请人民法院强制执行，费用由违法者承担。

第八十四条 【自然资源主管部门、农业农村主管部门工作人员违法的法律责任】自然资源主管部门、农业农村主管部门的工作人员玩忽职守、滥用职权、徇私舞弊，构成犯罪的，依法追究刑事责任；尚不构成犯罪的，依法给予处分。

……

中共中央办公厅、国务院办公厅关于引导农村土地经营权有序流转发展农业适度规模经营的意见

（2014年11月20日　中办发〔2014〕61号）

伴随我国工业化、信息化、城镇化和农业现代化进程，农村劳动力大量转移，农业物质技术装备水平不断提高，农户承包土地的经营权流转明显加快，发展适度规模经营已成为必然趋势。实践证明，土地流转和适度规模经营是发展现代农业的必由之路，有利于优化土地资源配置和提高劳动生产率，有利于保障粮食安全和主要农产品供给，有利于促进农业技术推广应用和农业增效、农民增收，应从我国人多地少、农村情况千差万别的实际出发，积极稳妥地推进。为引导农村土地（指承包耕地）经营权有序流转、发展农业适度规模经营，现提出如下意见。

一、总体要求

（一）指导思想。全面理解、准确把握中央关于全面深化农村改革的精神，按照加快构建以农户家庭经营为基础、合作与联合为纽带、社会化服务为支撑的立体式复合型现代农业经营体系和走生产技术先进、经营规模适度、市场竞争力强、生态环境可持续的中国特色新型农业现代化道路的要求，以保障国家粮食安全、促进农业增效和农民增收为目标，坚持农村土地集体所有，实现所有权、承包权、经营权三权分置，引导土地经营权有序流转，坚持家庭经营的基础性地位，积极培育新型经营主体，发展多种形式的适度规模经营，巩固和完善农村基本经营制度。改革的方向要明，步子要稳，既要加大政策扶持力度，加强典型示范引导，鼓励创新农业经营体制机制，又要因地制宜、循序渐进，不能搞大跃进，不能搞强迫命令，不能搞行政瞎指挥，使农业适度规模经营发展与城镇化进程和农村劳动力转移规模相适应，与农业科技进步和生产手段改进程度相适应，与农业社会化服务水平提高相适应，让农民成为土地流转和规模经营的积极参与者和真正受

益者，避免走弯路。

（二）基本原则

——坚持农村土地集体所有权，稳定农户承包权，放活土地经营权，以家庭承包经营为基础，推进家庭经营、集体经营、合作经营、企业经营等多种经营方式共同发展。

——坚持以改革为动力，充分发挥农民首创精神，鼓励创新，支持基层先行先试，靠改革破解发展难题。

——坚持依法、自愿、有偿，以农民为主体，政府扶持引导，市场配置资源，土地经营权流转不得违背承包农户意愿、不得损害农民权益、不得改变土地用途、不得破坏农业综合生产能力和农业生态环境。

——坚持经营规模适度，既要注重提升土地经营规模，又要防止土地过度集中，兼顾效率与公平，不断提高劳动生产率、土地产出率和资源利用率，确保农地农用，重点支持发展粮食规模化生产。

二、稳定完善农村土地承包关系

（三）健全土地承包经营权登记制度。建立健全承包合同取得权利、登记记载权利、证书证明权利的土地承包经营权登记制度，是稳定农村土地承包关系、促进土地经营权流转、发展适度规模经营的重要基础性工作。完善承包合同，健全登记簿，颁发权属证书，强化土地承包经营权物权保护，为开展土地流转、调处土地纠纷、完善补贴政策、进行征地补偿和抵押担保提供重要依据。建立健全土地承包经营权信息应用平台，方便群众查询，利于服务管理。土地承包经营权确权登记原则上确权到户到地，在尊重农民意愿的前提下，也可以确权确股不确地。切实维护妇女的土地承包权益。

（四）推进土地承包经营权确权登记颁证工作。按照中央统一部署、地方全面负责的要求，在稳步扩大试点的基础上，用 5 年左右时间基本完成土地承包经营权确权登记颁证工作，妥善解决农户承包地块面积不准、四至不清等问题。在工作中，各地要保持承包关系稳定，以现有承包台账、合同、证书为依据确认承包地归属；坚持依法规范操作，严格执行政策，按照规定内容和程序开展工作；充分调动农民群众积极性，依靠村民民主协商，自主解决矛盾纠纷；从实际出发，以农村集体土地所有权确权为基础，以第二次全国土地调查成果为依据，采用符合标准规范、农民群众认可的技术方法；坚持分级负责，强化县乡两级的责任，建立健全党委和政府统一领导、部门密切协作、群众广泛参与的工作机制；科学制定工作方案，明确时间表和路线图，确保工作质量。有关部门要加强调查研究，有针对性地提出操作性政策建议和具体工作指导意见。土地承包经营权确权登记颁证工作经费纳入地方财政预算，中央财政给予补助。

三、规范引导农村土地经营权有序流转

（五）鼓励创新土地流转形式。鼓励承包农户依法采取转包、出租、互换、转让及入股等方式流转承包地。鼓励有条件的地方制定扶持政策，引导农户长期流转承包地并促进其转移就业。鼓励农民在自愿前提下采取互换并地方式解决承包地细碎化问题。在同等条件下，本集体经济组织成员享有土地流转优先权。以转让方式流转承包地的，原则上应在本集体经济组织成员之间进行，且需经发包方同意。以其他形式流转的，应当依法报发包方备案。抓紧研究探索集体所有权、农户承包权、土地经营权在土地流转中的相互权利关系和具体实现形式。按照全国统一安排，稳步推进土地经营权抵押、担保试点，研究制定统一规范的实施办法，探索建立抵押资产处置机制。

（六）严格规范土地流转行为。土地承包经营权属于农民家庭，土地是否流转、价格如何确定、形式如何选择，应由承包农户自主决定，流转收益应归承包农户所有。流转期限应由流转双方在法律规定的范围内协商确定。没有农户的书面委托，农村基层组织无权以任何方式决定流转农户的承包地，更不能以少数服从多数的名义，将整村整组农户承包地集中对外招商经营。防止少数基层干部私相授受，谋取私利。严禁通过定任务、下指标或将流转面积、流转比例纳入绩效考核等方式推动土地流转。

（七）加强土地流转管理和服务。有关部门要研究制定流转市场运行规范，加快发展多种形式的土地经营权流转市场。依托农村经营管理机构健全土地流转服务平台，完善县乡村三级服务和管理网络，建立土地流转监测制度，为流转双方提供信息发布、政策咨询等服务。土地流转服务主体可以开展信息沟通、委托流转等服务，但禁止层层转包从中牟利。土地流转给非本村（组）集体成员或村（组）集体受农户委托统一组织流转并利用集体资金改良土壤、提高地力的，可向本集体经济组织以外的流入方收取基础设施使用费和土地流转管理服务费，用于农田基本建设或其他公益性支出。引导承包农户与流入方签订书面流转合同，并使用统一的省级合同示范文本。依法保护流入方的土地经营权益，流转合同到期后流入方可在同等条件下优先续约。加强农村土地承包经营纠纷调解仲裁体系建设，健全纠纷调处机制，妥善化解土地承包经营流转纠纷。

（八）合理确定土地经营规模。各地要依据自然经济条件、农村劳动力转移情况、农业机械化水平等因素，研究确定本地区土地规模经营的适宜标准。防止脱离实际、违背农民意愿，片面追求超大规模经营的倾向。现阶段，对土地经营规模相当于当地户均承包地面积10至15倍、务农收入相当于当地二三产业务工收入的，应当给予重点扶持。创新规模经营方式，在引导土地资源适度集聚的同时，通过农民的合作与联合、开展社会化服务等多种形式，提升农业规模化经营水平。

（九）扶持粮食规模化生产。加大粮食生产支持力度，原有粮食直接补贴、良种补贴、农资综合补贴归属由承包农户与流入方协商确定，新增部分应向粮食生产规模经营主体倾斜。在有条件的地方开展按照实际粮食播种面积或产量对生产者补贴试点。对从事粮食规模化生产的农民合作社、家庭农场等经营主体，符合申报农机购置补贴条件的，要优先安排。探索选择运行规范的粮食生产规模经营主体开展目标价格保险试点。抓紧开展粮食生产规模经营主体营销贷款试点，允许用粮食作物、生产及配套辅助设施进行抵押融资。粮食品种保险要逐步实现粮食生产规模经营主体愿保尽保，并适当提高对产粮大县稻谷、小麦、玉米三大粮食品种保险的保费补贴比例。各地区各有关部门要研究制定相应配套办法，更好地为粮食生产规模经营主体提供支持服务。

（十）加强土地流转用途管制。坚持最严格的耕地保护制度，切实保护基本农田。严禁借土地流转之名违规搞非农建设。严禁在流转农地上建设或变相建设旅游度假村、高尔夫球场、别墅、私人会所等。严禁占用基本农田挖塘栽树及其他毁坏种植条件的行为。严禁破坏、污染、圈占闲置耕地和损毁农田基础设施。坚决查处通过“以租代征”违法违规进行非农建设的行为，坚决禁止擅自将耕地“非农化”。利用规划和标准引导设施农业发展，强化设施农用地的用途监管。采取措施保证流转土地用于农业生产，可以通过停发粮食直接补贴、良种补贴、农资综合补贴等办法遏制撂荒耕地的行为。在粮食主产区、粮食生产功能区、高产创建项目实施区，不符合产业规划的经营行为不再享受相关农业生产扶持政策。合理引导粮田流转价格，降低粮食生产成本，稳定粮食种植面积。

四、加快培育新型农业经营主体

（十一）发挥家庭经营的基础作用。在今后相当长时期内，普通农户仍占大多数，要继续重视和扶持其发展农业生产。重点培育以家庭成员为主要劳动力、以农业为主要收入来源，从事专业化、集约化农业生产的家庭农场，使之成为引领适度规模经营、发展现代农业的有生力量。分级建立示范家庭农场名录，健全管理服务制度，加强示范引导。鼓励各地整合涉农资金建设连片高标准农田，并优先流向家庭农场、专业大户等规模经营农户。

（十二）探索新的集体经营方式。集体经济组织要积极为承包农户开展多种形式的生产服务，通过统一服务降低生产成本、提高生产效率。有条件的地方根据农民意愿，可以统一连片整理耕地，将土地折股量化、确权到户，经营所得收益按股分配，也可以引导农民以承包地入股组建土地股份合作组织，通过自营或委托经营等方式发展农业规模经营。各地要结合实际不断探索和丰富集体经营的实现形式。

（十三）加快发展农户间的合作经营。鼓励承包农户通过共同使用农业机械、开展联合营销等方式发展联户经营。鼓励发展多种形式的农民合作组织，深入推进示范社创建活动，促进农民合作社规范发展。在管理民主、运行规范、带动力强的农民合作社和供销合作社基础上，培育发展农村合作金融。引导发展农民专业合作社联合社，支持农民合作社开展农社对接。允许农民以承包经营权入股发展农业产业化经营。探索建立农户入股土地生产性能评价制度，按照耕地数量质量、参照当地土地经营权流转价格计价折股。

（十四）鼓励发展适合企业化经营的现代种养业。鼓励农业产业化龙头企业等涉农企业重点从事农产品加工流通和农业社会化服务，带动农户和农民合作社发展规模经营。引导工商资本发展良种种苗繁育、高标准设施农业、规模化养殖等适合企业化经营的现代种养业，开发农村“四荒”资源发展多种经营。支持农业企业与农户、农民合作社建立紧密的利益联结机制，实现合理分工、互利共赢。支持经济发达地区通过农业示范园区引导各类经营主体共同出资、相互持股，发展多种形式的农业混合所有制经济。

（十五）加大对新型农业经营主体的扶持力度。鼓励地方扩大对家庭农场、专业大户、农民合作社、龙头企业、农业社会化服务组织的扶持资金规模。支持符合条件的新型农业经营主体优先承担涉农项目，新增农业补贴向新型农业经营主体倾斜。加快建立财政项目资金直接投向符合条件的合作社、财政补助形成的资产转交合作社持有和管护的管理制度。各省（自治区、直辖市）根据实际情况，在年度建设用地指标中可单列一定比例专门用于新型农业经营主体建设配套辅助设施，并按规定减免相关税费。综合运用货币和财税政策工具，引导金融机构建立健全针对新型农业经营主体的信贷、保险支持机制，创新金融产品和服务，加大信贷支持力度，分散规模经营风险。鼓励符合条件的农业产业化龙头企业通过发行短期融资券、中期票据、中小企业集合票据等多种方式，拓宽融资渠道。鼓励融资担保机构为新型农业经营主体提供融资担保服务，鼓励有条件的地方通过设立融资担保专项资金、担保风险补偿基金等加大扶持力度。落实和完善相关税收优惠政策，支持农民合作社发展农产品加工流通。

（十六）加强对工商企业租赁农户承包地的监管和风险防范。各地对工商企业长时间、大面积租赁农户承包地要有明确的上限控制，建立健全资格审查、项目审核、风险保障金制度，对租地条件、经营范围和违规处罚等作出规定。工商企业租赁农户承包地要按面积实行分级备案，严格准入门槛，加强事中事后监管，防止浪费农地资源、损害农民土地权益，防范承包农户因流入方违约或经营不善遭受损失。定期对租赁土地企业的农业经营能力、土地用途和风险防范能力等开展监督检查，查验土地利用、合同履行等情况，及时查处纠正违法违规行为，对符合要求的可给予政策扶持。有关部门要抓紧制定管理办法，并加强对各地落实情况的监督检查。

五、建立健全农业社会化服务体系

（十七）培育多元社会化服务组织。巩固乡镇涉农公共服务机构基础条件建设成果。鼓励农技推广、动植物防疫、农产品质量安全监管等公共服务机构围绕发展农业适度规模经营拓展服务范围。大力培育各类经营性服务组织，积极发展良种种苗繁育、统防统治、测土配方施肥、粪污集中处理等农业生产性服务业，大力发展农产品电子商务等现代流通服务业，支持建设粮食烘干、农机场库棚和仓储物流等配套基础设施。农产品初加工和农业灌溉用电执行农业生产用电价格。鼓励以县为单位开展农业社会化服务示范创建活动。开展政府购买农业公益性服务试点，鼓励向经营性服务组织购买易监管、可量化的公益性服务。研究制定政府购买农业公益性服务的指导性目录，建立健全购买服务的标准合同、规范程序和监督机制。积极推广既不改变农户承包关系，又保证地有人种的托管服务模式，鼓励种粮大户、农机大户和农机合作社开展全程托管或主要生产环节托管，实现统一耕作，规模化生产。

（十八）开展新型职业农民教育培训。制定专门规划和政策，壮大新型职业农民队伍。整合教育培训资源，改善农业职业学校和其他学校涉农专业办学条件，加快发展农业职业教育，大力发展现代农业远程教育。实施新型职业农民培育工程，围绕主导产业开展农业技能和经营能力培养培训，扩大农村实用人才带头人示范培养培训规模，加大对专业大户、家庭农场经营者、农民合作社带头人、农业企业经营管理人员、农业社会化服务人员和返乡农民工的培养培训力度，把青年农民纳入国家实用人才培养计划。努力构建新型职业农民和农村实用人才培养、认定、扶持体系，建立公益性农民培养培训制度，探索建立培育新型职业农民制度。

（十九）发挥供销合作社的优势和作用。扎实推进供销合作社综合改革试点，按照改造自我、服务农民的要求，把供销合作社打造成服务农民生产生活的生力军和综合平台。利用供销合作社农资经营渠道，深化行业合作，推进技物结合，为新型农业经营主体提供服务。推动供销合作社农产品流通企业、农副产品批发市场、网络终端与新型农业经营主体对接，开展农产品生产、加工、流通服务。鼓励基层供销合作社针对农业生产重要环节，与农民签订服务协议，开展合作式、订单式服务，提高服务规模化水平。

土地问题涉及亿万农民切身利益，事关全局。各级党委和政府要充分认识引导农村土地经营权有序流转、发展农业适度规模经营的重要性、复杂性和长期性，切实加强组织领导，严格按照中央政策和国家法律法规办事，及时查处违纪违法行为。坚持从实际出发，加强调查研究，搞好分类指导，充分利用农村改革试验区、现代农业示范区等开展试点试验，认真总结基层和农民群众创造的好经验好做法。加大政策宣传力度，牢固树立政策观念，准确把握政策要求，营造良好的改革发展环境。加强农村经营管理体系建设，明确相应机构承担农村经管工作职责，确保事有人干、责有人负。各有关部门要按照职责分工，抓紧修订完善相关法律法规，建立工作指导和检查监督制度，健全齐抓共管的工作机制，引导农村土地经营权有序流转，促进农业适度规模经营健康发展。

国务院办公厅关于引导农村产权流转交易市场健康发展的意见

（2014 年 12 月 30 日　国办发〔2014〕71 号）

近年来，随着农村劳动力持续转移和农村改革不断深化，农户承包土地经营权、林权等各类农村产权流转交易需求明显增长，许多地方建立了多种形式的农村产权流转交易市场和服务平台，为农村产权流转交易提供了有效服务。但是，各地农村产权流转交易市场发展不平衡，其设立、运行、监管有待规范。引导农村产权流转交易市场健康发展，事关农村改革发展稳定大局，有利于保障农民和农村集体经济组织的财产权益，有利于提高农村要素资源配置和利用效率，有利于加快推进农业现代化。为此，经国务院同意，现提出以下意见。

一、总体要求

（一）指导思想。以邓小平理论、“三个代表”重要思想、科学发展观为指导，深入贯彻习近平总书记系列重要讲话精神，全面落实党的十八大和十八届三中、四中全会精神，按照党中央、国务院决策部署，以坚持和完善农村基本经营制度为前提，以保障农民和农村集体经济组织的财产权益为根本，以规范流转交易行为和完善服务功能为重点，扎实做好农村产权流转交易市场建设工作。

（二）基本原则。

——坚持公益性为主。必须坚持为农服务宗旨，突出公益性，不以盈利为目的，引导、规范和扶持农村产权流转交易市场发展，充分发挥其服务农村改革发展的重要作用。

——坚持公开公正规范。必须坚持公开透明、自主交易、公平竞争、规范有序，逐步探索形成符合农村实际和农村产权流转交易特点的市场形式、交易规则、服务方式和监管办法。

——坚持因地制宜。是否设立市场、设立什么样的市场、覆盖多大范围等，都要从各地实际出发，统筹规划、合理布局，不能搞强迫命令，不能搞行政瞎指挥。

——坚持稳步推进。充分利用和完善现有农村产权流转交易市场，在有需求、有条件的地方积极探索新的市场形式，稳妥慎重、循序渐进，不急于求成，不片面追求速度和规模。

二、定位和形式

（三）性质。农村产权流转交易市场是为各类农村产权依法流转交易提供服务的平台，包括现有的农村土地承包经营权流转服务中心、农村集体资产管理交易中心、林权管理服务中心和林业产权交易所，以及各地探索建立的其他形式农村产权流转交易市场。现阶段通过市场流转交易的农村产权包括承包到户的和农村集体统一经营管理的资源性资产、经营性资产等，以农户承包土地经营权、集体林地经营权为主，不涉及农村集体土地所有权和依法以家庭承包方式承包的集体土地承包权，具有明显的资产使用权租赁市场的特征。流转交易以服务农户、农民合作社、农村集体经济组织为主，流转交易目的以从事农业生产经营为主，具有显著的农业农村特色。流转交易行为主要发生在县、乡范围内，区域差异较大，具有鲜明的地域特点。

（四）功能。农村产权流转交易市场既要发挥信息传递、价格发现、交易中介的基本功能，又要注意发挥贴近“三农”，为农户、农民合作社、农村集体经济组织等主体流转交易产权提供便利和制度保障的特殊功能。适应交易主体、目的和方式多样化的需求，不断拓展服务功能，逐步发展成集信息发布、产权交易、法律咨询、资产评估、抵押融资等为一体的为农服务综合平台。

（五）设立。农村产权流转交易市场是政府主导、服务“三农”的非盈利性机构，可以是事业法人，也可以是企业法人。设立农村产权流转交易市场，要经过科学论证，由当地政府审批。当地政府要成立由相关部门组成的农村产权流转交易监督管理委员会，承担组织协调、政策制定等方面职责，负责对市场运行进行指导和监管。

（六）构成。县、乡农村土地承包经营权和林权等流转服务平台，是现阶段农村产权流转交易市场的主要形式和重要组成部分。利用好现有的各类农村产权流转服务平台，充分发挥其植根农村、贴近农户、熟悉农情的优势，做好县、乡范围内的农村产权流转交易服务工作。现阶段市场建设应以县域为主。确有需要的地方，可以设立覆盖地（市）乃至省（区、市）地域范围的市场，承担更大范围的信息整合发布和大额流转交易。各地要加强统筹协调，理顺县、乡农村产权流转服务平台与更高层级农村产权流转交易市场的关系，可以采取多种形式合作共建，也可以实行一体化运营，推动实现资源共享、优势互补、协同发展。

（七）形式。鼓励各地探索符合农村产权流转交易实际需要的多种市场形式，既要搞好交易所式的市场建设，也要有效利用电子交易网络平台。鼓励有条件的地方整合各类流转服务平台，建立提供综合服务的市场。农村产权流转交易市场可以是独立的交易场所，也可以利用政务服务大厅等场所，形成“一个屋顶之下、多个服务窗口、多品种产权交易”的综合平台。

三、运行和监管

（八）交易品种。农村产权类别较多，权属关系复杂，承载功能多样，适用规则不同，应实行分类指导。法律没有限制的品种均可以入市流转交易，流转交易的方式、期限和流转交易后的开发利用要遵循相关法律、法规和政策。现阶段的交易品种主要包括：

1. 农户承包土地经营权。是指以家庭承包方式承包的耕地、草地、养殖水面等经营权，可以采取出租、入股等方式流转交易，流转期限由流转双方在法律规定范围内协商确定。

2. 林权。是指集体林地经营权和林木所有权、使用权，可以采取出租、转让、入股、作价出资或合作等方式流转交易，流转期限不能超过法定期限。

3. “四荒”使用权。是指农村集体所有的荒山、荒沟、荒丘、荒滩使用权。采取家庭承包方式取得的，按照农户承包土地经营权有关规定进行流转交易。以其他方式承包的，其承包经营权可以采取转让、出租、入股、抵押等方式进行流转交易。

4. 农村集体经营性资产。是指由农村集体统一经营管理的经营性资产（不含土地）的所有权或使用权，可以采取承包、租赁、出让、入股、合资、合作等方式流转交易。

5. 农业生产设施设备。是指农户、农民合作组织、农村集体和涉农企业等拥有的农业生产设施设备，可以采取转让、租赁、拍卖等方式流转交易。

6. 小型水利设施使用权。是指农户、农民合作组织、农村集体和涉农企业等拥有的小型水利设施使用权，可以采取承包、租赁、转让、抵押、股份合作等方式流转交易。

7. 农业类知识产权。是指涉农专利、商标、版权、新品种、新技术等，可以采取转让、出租、股份合作等方式流转交易。

8. 其他。农村建设项目招标、产业项目招商和转让等。

（九）交易主体。凡是法律、法规和政策没有限制的法人和自然人均可以进入市场参与流转交易，具体准入条件按照相关法律、法规和政策执行。现阶段市场流转交易主体主要有农户、农民合作社、农村集体经济组织、涉农企业和其他投资者。农户拥有的产权是否入市流转交易由农户自主决定。任何组织和个人不得强迫或妨碍自主交易。一定标的额以上的农村集体资产流转必须进入市场公开交易，防止暗箱操作。农村产权流转交易市场要依法对各类市场主体的资格进行审查核实、登记备案。产权流转交易的出让方必须是产权权利人，或者受产权权利人委托的受托人。除农户宅基地使用权、农民住房财产权、农户持有的集体资产股权之外，流转交易的受让方原则上没有资格限制（外资企业和境外投资者按照有关法律、法规执行）。对工商企业进入市场流转交易，要依据相关法律、法规和政策，加强准入监管和风险防范。

（十）服务内容。农村产权流转交易市场都应提供发布交易信息、受理交易咨询和申请、协助产权查询、组织交易、出具产权流转交易鉴证书，协助办理产权变更登记和资金结算手续等基本服务；可以根据自身条件，开展资产评估、法律服务、产权经纪、项目推介、抵押融资等配套服务，还可以引入财会、法律、资产评估等中介服务组织以及银行、保险等金融机构和担保公司，为农村产权流转交易提供专业化服务。

（十一）管理制度。农村产权流转交易市场要建立健全规范的市场管理制度和交易规则，对市场运行、服务规范、中介行为、纠纷调处、收费标准等作出具体规定。实行统一规范的业务受理、信息发布、交易签约、交易中（终）止、交易（合同）鉴证、档案管理等制度，流转交易的产权应无争议，发布信息应真实、准确、完整，交易品种和方式应符合相应法律、法规和政策，交易过程应公开公正，交易服务应方便农民群众。

（十二）监督管理。农村产权流转交易监督管理委员会和市场主管部门要强化监督管理，加强定期检查和动态监测，促进交易公平，防范交易风险，确保市场规范运行。及时查处各类违法违规交易行为，严禁隐瞒信息、暗箱操作、操纵交易。耕地、林地、草地、水利设施等产权流转交易后的开发利用，不能改变用途，不能破坏农业综合生产能力，不能破坏生态功能，有关部门要加强监管。

（十三）行业自律。探索建立农村产权流转交易市场行业协会，充分发挥其推动行业发展和行业自律的积极作用。协会要推进行业规范、交易制度和服务标准建设，加强经验交流、政策咨询、人员培训等服务；增强行业自律意识，自觉维护行业形象，提升市场公信力。

四、保障措施

（十四）扶持政策。各地要稳步推进农村集体产权制度改革，扎实做好土地承包经营权、集体建设用地使用权、农户宅基地使用权、林权等确权登记颁证工作。实行市场建设和运营财政补贴等优惠政策，通过采取购买社会化服务或公益性岗位等措施，支持充分利用现代信息技术建立农村产权流转交易和管理信息网络平台，完善服务功能和手段。组织从业人员开展业务培训，积极培育市场中介服务组织，逐步提高专业化水平。

（十五）组织领导。各地要加强领导，健全工作机制，严格执行相关法律、法规和政策；从本地实际出发，根据农村产权流转交易需要，制定管理办法和实施方案。农村工作综合部门和科技、财政、国土资源、住房城乡建设、农业、水利、林业、金融等部门要密切配合，加强指导，及时研究解决工作中的困难和问题。

农村土地经营权流转管理办法

（2021年1月26日农业农村部令2021年第1号公布　自2021年3月1日起施行）

第一章　总　　则

第一条　为了规范农村土地经营权（以下简称土地经营权）流转行为，保障流转当事人合法权益，加快农业农村现代化，维护农村社会和谐稳定，根据《中华人民共和国农村土地承包法》等法律及有关规定，制定本办法。

第二条　土地经营权流转应当坚持农村土地农民集体所有、农户家庭承包经营的基本制度，保持农村土地承包关系稳定并长久不变，遵循依法、自愿、有偿原则，任何组织和个人不得强迫或者阻碍承包方流转土地经营权。

第三条　土地经营权流转不得损害农村集体经济组织和利害关系人的合法权益，不得破坏农业综合生产能力和农业生态环境，不得改变承包土地的所有权性质及其农业用途，确保农地农用，优先用于粮食生产，制止耕地“非农化”、防止耕地“非粮化”。

第四条　土地经营权流转应当因地制宜、循序渐进，把握好流转、集中、规模经营的度，流转规模应当与城镇化进程和农村劳动力转移规模相适应，与农业科技进步和生产手段改进程度相适应，与农业社会化服务水平提高相适应，鼓励各地建立多种形式的土地经营权流转风险防范和保障机制。

第五条　农业农村部负责全国土地经营权流转及流转合同管理的指导。

县级以上地方人民政府农业农村主管（农村经营管理）部门依照职责，负责本行政区域内土地经营权流转及流转合同管理。

乡（镇）人民政府负责本行政区域内土地经营权流转及流转合同管理。

第二章　流转当事人

第六条　承包方在承包期限内有权依法自主决定土地经营权是否流转，以及流转对象、方式、期限等。

第七条　土地经营权流转收益归承包方所有，任何组织和个人不得擅自截留、扣缴。

第八条　承包方自愿委托发包方、中介组织或者他人流转其土地经营权的，应当由承包方出具流转委托书。委托书应当载明委托的事项、权限和期限等，并由委托人和受托人签字或者盖章。

没有承包方的书面委托，任何组织和个人无权以任何方式决定流转承包方的土地经营权。

第九条　土地经营权流转的受让方应当为具有农业经营能力或者资质的组织和个人。在同等条件下，本集体经济组织成员享有优先权。

第十条　土地经营权流转的方式、期限、价款和具体条件，由流转双方平等协商确定。流转期限届满后，受让方享有以同等条件优先续约的权利。

第十一条　受让方应当依照有关法律法规保护土地，禁止改变土地的农业用途。禁止闲置、荒芜耕地，禁止占用耕地建窑、建坟或者擅自在耕地上建房、挖砂、采石、采矿、取土等。禁止占用永久基本农田发展林果业和挖塘养鱼。

第十二条　受让方将流转取得的土地经营权再流转以及向金融机构融资担保的，应当事先取得承包方书面同意，并向发包方备案。

第十三条　经承包方同意，受让方依法投资改良土壤，建设农业生产附属、配套设施，及农业生产中直接用于作物种植和畜禽水产养殖设施的，土地经营权流转合同到期或者未到期由承包方依法提前收回承包土地时，受让方有权获得合理补偿。具体补偿办法可在土地经营权流转合同中约定或者由双方协商确定。

第三章　流转方式

第十四条　承包方可以采取出租（转包）、入股或者其他符合有关法律和国家政策规定的方式流转土地经营权。

出租（转包），是指承包方将部分或者全部土地经营权，租赁给他人从事农业生产经营。

入股，是指承包方将部分或者全部土地经营权作价出资，成为公司、合作经济组织等股东或者成员，并用于农业生产经营。

第十五条　承包方依法采取出租（转包）、入股或者其他方式将土地经营权部分或者全部流转的，承包方与发包方的承包关系不变，双方享有的权利和承担的义务不变。

第十六条　承包方自愿将土地经营权入股公司发展农业产业化经营的，可以采取优先股等方式降低承包方风险。公司解散时入股土地应当退回原承包方。

第四章　流转合同

第十七条　承包方流转土地经营权，应当与受让方在协商一致的基础上签订书面流转合同，并向发包方备案。

承包方将土地交由他人代耕不超过一年的，可以不签订书面合同。

第十八条　承包方委托发包方、中介组织或者他人流转土地经营权的，流转合同应当由承包方或者其书面委托的受托人签订。

第十九条　土地经营权流转合同一般包括以下内容：

（一）双方当事人的姓名或者名称、住所、联系方式等；

（二）流转土地的名称、四至、面积、质量等级、土地类型、地块代码等；

（三）流转的期限和起止日期；

（四）流转方式；

（五）流转土地的用途；

（六）双方当事人的权利和义务；

（七）流转价款或者股份分红，以及支付方式和支付时间；

（八）合同到期后地上附着物及相关设施的处理；

（九）土地被依法征收、征用、占用时有关补偿费的归属；

（十）违约责任。

土地经营权流转合同示范文本由农业农村部制定。

第二十条 承包方不得单方解除土地经营权流转合同，但受让方有下列情形之一的除外：

（一）擅自改变土地的农业用途；

（二）弃耕抛荒连续两年以上；

（三）给土地造成严重损害或者严重破坏土地生态环境；

（四）其他严重违约行为。

有以上情形，承包方在合理期限内不解除土地经营权流转合同的，发包方有权要求终止土地经营权流转合同。

受让方对土地和土地生态环境造成的损害应当依法予以赔偿。

第五章 流转管理

第二十一条 发包方对承包方流转土地经营权、受让方再流转土地经营权以及承包方、受让方利用土地经营权融资担保的，应当办理备案，并报告乡（镇）人民政府农村土地承包管理部门。

第二十二条 乡（镇）人民政府农村土地承包管理部门应当向达成流转意向的双方提供统一文本格式的流转合同，并指导签订。流转合同中有违反法律法规的，应当及时予以纠正。

第二十三条 乡（镇）人民政府农村土地承包管理部门应当建立土地经营权流转台账，及时准确记载流转情况。

第二十四条 乡（镇）人民政府农村土地承包管理部门应当对土地经营权流转有关文件、资料及流转合同等进行归档并妥善保管。

第二十五条 鼓励各地建立土地经营权流转市场或者农村产权交易市场。县级以上地方人民政府农业农村主管（农村经营管理）部门应当加强业务指导，督促其建立健全运行规则，规范开展土地经营权流转政策咨询、信息发布、合同签订、交易鉴证、权益评估、融资担保、档案管理等服务。

第二十六条 县级以上地方人民政府农业农村主管（农村经营管理）部门应当按照统一标准和技术规范建立国家、省、市、县等互联互通的农村土地承包信息应用平台，健全土地经营权流转合同网签制度，提升土地经营权流转规范化、信息化管理水平。

第二十七条 县级以上地方人民政府农业农村主管（农村经营管理）部门应当加强对乡（镇）人民政府农村土地承包管理部门工作的指导。乡（镇）人民政府农村土地承包管理部门应当依法开展土地经营权流转的指导和管理工作。

第二十八条 县级以上地方人民政府农业农村主管（农村经营管理）部门应当加强服务，鼓励受让方发展粮食生产；鼓励和引导工商企业等社会资本（包括法人、非法人组织或者自然人等）发展适合企业化经营的现代种养业。

县级以上地方人民政府农业农村主管（农村经营管理）部门应当根据自然经济条件、农村劳动力转移情况、农业机械化水平等因素，引导受让方发展适度规模经营，防止垒大户。

第二十九条 县级以上地方人民政府对工商企业等社会资本流转土地经营权，依法建立分级资格审查和项目审核制度。审查审核的一般程序如下：

（一）受让主体与承包方就流转面积、期限、价款等进行协商并签订流转意向协议书。涉及未承包到户集体土地等集体资源的，应当按照法定程序经本集体经济组织成员的村民会议三分之二以上成员或者三分之二以上村民代表的同意，并与集体经济组织签订流转意向协议书。

（二）受让主体按照分级审查审核规定，分别向乡（镇）人民政府农村土地承包管理部门或者县级以上地方人民政府农业农村主管（农村经营管理）部门提出申请，并提交流转意向协议书、农业经营能力或者资质证明、流转项目规划等相关材料。

（三）县级以上地方人民政府或者乡（镇）人民政府应当依法组织相关职能部门、农村集体经济组织代表、农民代表、专家等就土地用途、受让主体农业经营能力，以及经营项目是否符合粮食生产等产业规划等进行审查审核，并于受理之日起20个工作日内作出审查审核意见。

（四）审查审核通过的，受让主体与承包方签订土地经营权流转合同。未按规定提交审查审核申请或者审查审核未通过的，不得开展土地经营权流转活动。

第三十条 县级以上地方人民政府依法建立工商企业等社会资本通过流转取得土地经营权的风险防范制度，加强事中事后监管，及时查处纠正违法违规行为。

鼓励承包方和受让方在土地经营权流转市场或者农村产权交易市场公开交易。

对整村（组）土地经营权流转面积较大、涉及农户较多、经营风险较高的项目，流转双方可以协商设立风险保障金。

鼓励保险机构为土地经营权流转提供流转履约保证保险等多种形式保险服务。

第三十一条 农村集体经济组织为工商企业等社会资本流转土地经营权提供服务的，可以收取适量管理费用。收取管理费用的金额和方式应当由农村集体经济组织、承包方和工商企业等社会资本三方协商确定。管理费用应当纳入农村集体经济组织会计核算和财务管理，主要用于农田基本建设或者其他公益性支出。

第三十二条 县级以上地方人民政府可以根据本办法，结合本行政区域实际，制定工商企业等社会资本通过流转取得土地经营权的资格审查、项目审核和风险防范实施细则。

第三十三条 土地经营权流转发生争议或者纠纷的，当事人可以协商解决，也可以请求村民委员会、乡（镇）人民政府等进行调解。

当事人不愿意协商、调解或者协商、调解不成的，可以向农村土地承包仲裁机构申请仲裁，也可以直接向人民法院提起诉讼。

第六章 附 则

第三十四条 本办法所称农村土地，是指除林地、草地以外的，农民集体所有和国家所有依法由农民集体使用的耕地和其他用于农业的土地。

本办法所称农村土地经营权流转，是指在承包方与发包方承包关系保持不变的前提下，承包方依法在一定期限内将土地经营权部分或者全部交由他人自主开展农业生产经营的行为。

第三十五条 通过招标、拍卖和公开协商等方式承包荒山、荒沟、荒丘、荒滩等农村土地，经依法登记取得权属证书的，可以流转土地经营权，其流转管理参照本办法执行。

第三十六条 本办法自 2021 年 3 月 1 日起施行。农业部 2005 年 1 月 19 日发布的《农村土地承包经营权流转管理办法》（农业部令第 47 号）同时废止。

农村土地承包合同管理办法

（2023 年 2 月 17 日农业农村部令 2023 年第 1 号公布　自 2023 年 5 月 1 日起施行）

第一章　总　　则

第一条　为了规范农村土地承包合同的管理，维护承包合同当事人的合法权益，维护农村社会和谐稳定，根据《中华人民共和国农村土地承包法》等法律及有关规定，制定本办法。

第二条　农村土地承包经营应当巩固和完善以家庭承包经营为基础、统分结合的双层经营体制，保持农村土地承包关系稳定并长久不变。农村土地承包经营，不得改变土地的所有权性质。

第三条　农村土地承包经营应当依法签订承包合同。土地承包经营权自承包合同生效时设立。

承包合同订立、变更和终止的，应当开展土地承包经营权调查。

第四条　农村土地承包合同管理应当遵守法律、法规，保护土地资源的合理开发和可持续利用，依法落实耕地利用优先序。发包方和承包方应当依法履行保护农村土地的义务。

第五条　农村土地承包合同管理应当充分维护农民的财产权益，任何组织和个人不得剥夺和非法限制农村集体经济组织成员承包土地的权利。妇女与男子享有平等的承包农村土地的权利。

承包方承包土地后，享有土地承包经营权，可以自己经营，也可以保留土地承包权，流转其承包地的土地经营权，由他人经营。

第六条　农业农村部负责全国农村土地承包合同管理的指导。

县级以上地方人民政府农业农村主管（农村经营管理）部门负责本行政区域内农村土地承包合同管理。

乡（镇）人民政府负责本行政区域内农村土地承包合同管理。

第二章　承包方案

第七条　本集体经济组织成员的村民会议依法选举产生的承包工作小组，应当依照法律、法规的规定拟订承包方案，并在本集体经济组织范围内公示不少于十五日。

承包方案应当依法经本集体经济组织成员的村民会议三分之二以上成员或者三分之二以上村民代表的同意。

承包方案由承包工作小组公开组织实施。

第八条　承包方案应当符合下列要求：

（一）内容合法；

（二）程序规范；

（三）保障农村集体经济组织成员合法权益；

（四）不得违法收回、调整承包地；

（五）法律、法规和规章规定的其他要求。

第九条　县级以上地方人民政府农业农村主管（农村经营管理）部门、乡（镇）人民政府农村土地承包管理部门应当指导制定承包方案，并对承包方案的实施进行监督，发现问题的，应当及时予以纠正。

第三章　承包合同的订立、变更和终止

第十条　承包合同应当符合下列要求：

（一）文本规范；

（二）内容合法；

（三）双方当事人签名、盖章或者按指印；

（四）法律、法规和规章规定的其他要求。

县级以上地方人民政府农业农村主管（农村经营管理）部门、乡（镇）人民政府农村土地承包管理部门应当依法指导发包方和承包方订立、变更或者终止承包合同，并对承包合同实施监督，发现不符合前款要求的，应当及时通知发包方更正。

第十一条　发包方和承包方应当采取书面形式签订承包合同。

承包合同一般包括以下条款：

（一）发包方、承包方的名称，发包方负责人和承包方代表的姓名、住所；

（二）承包土地的名称、坐落、面积、质量等级；

（三）承包方家庭成员信息；

（四）承包期限和起止日期；

（五）承包土地的用途；

（六）发包方和承包方的权利和义务；

（七）违约责任。

承包合同示范文本由农业农村部制定。

第十二条 承包合同自双方当事人签名、盖章或者按指印时成立。

第十三条 承包期内，出现下列情形之一的，承包合同变更：

（一）承包方依法分立或者合并的；

（二）发包方依法调整承包地的；

（三）承包方自愿交回部分承包地的；

（四）土地承包经营权互换的；

（五）土地承包经营权部分转让的；

（六）承包地被部分征收的；

（七）法律、法规和规章规定的其他情形。

承包合同变更的，变更后的承包期限不得超过承包期的剩余期限。

第十四条 承包期内，出现下列情形之一的，承包合同终止：

（一）承包方消亡的；

（二）承包方自愿交回全部承包地的；

（三）土地承包经营权全部转让的；

（四）承包地被全部征收的；

（五）法律、法规和规章规定的其他情形。

第十五条 承包地被征收、发包方依法调整承包地或者承包方消亡的，发包方应当变更或者终止承包合同。

除前款规定的情形外，承包合同变更、终止的，承包方向发包方提出申请，并提交以下材料：

（一）变更、终止承包合同的书面申请；

（二）原承包合同；

（三）承包方分立或者合并的协议，交回承包地的书面通知或者协议，土地承包经营权互换合同、转让合同等其他相关证明材料；

（四）具有土地承包经营权的全部家庭成员同意变更、终止承包合同的书面材料；

（五）法律、法规和规章规定的其他材料。

第十六条 省级人民政府农业农村主管部门可以根据本行政区域实际依法制定承包方分立、合并、消亡而导致承包合同变更、终止的具体规定。

第十七条 承包期内，因自然灾害严重毁损承包地等特殊情形对个别农户之间承包地需要适当调整的，发包方应当制定承包地调整方案，并应当经本集体经济组织成员的村民会议三分之二以上成员或者三分之二以上村民代表的同意。承包合同中约定不得调整的，按照其约定。

调整方案通过之日起二十个工作日内，发包方应当将调整方案报乡（镇）人民政府和县级人民政府农业农村主管（农村经营管理）部门批准。

乡（镇）人民政府应当于二十个工作日内完成调整方案的审批，并报县级人民政府农业农村主管（农村经营管理）部门；县级人民政府农业农村主管（农村经营管理）部门应当于二十个工作日内完成调整方案的审批。乡（镇）人民政府、县级人民政府农业农村主管（农村经营管理）部门对违反法律、法规和规章规定的调整方案，应当及时通知发包方予以更正，并重新申请批准。

调整方案未经乡（镇）人民政府和县级人民政府农业农村主管（农村经营管理）部门批准的，发包方不得调整承包地。

第十八条 承包方自愿将部分或者全部承包地交回发包方的，承包方与发包方在该土地上的承包关系终止，承包期内其土地承包经营权部分或者全部消灭，并不得再要求承包土地。

承包方自愿交回承包地的，应当提前半年以书面形式通知发包方。承包方对其在承包地上投入而提高土地生产能力的，有权获得相应的补偿。交回承包地的其他补偿，由发包方和承包方协商确定。

第十九条 为了方便耕种或者各自需要，承包方之间可以互换属于同一集体经济组织的不同承包地块的土地承包经营权。

土地承包经营权互换的，应当签订书面合同，并向发包方备案。

承包方提交备案的互换合同，应当符合下列要求：

（一）互换双方是属于同一集体经济组织的农户；

（二）互换后的承包期限不超过承包期的剩余期限；

（三）法律、法规和规章规定的其他事项。

互换合同备案后，互换双方应当与发包方变更承包合同。

第二十条 经承包方申请和发包方同意，承包方可以将部分或者全部土地承包经营权转让给本集体经济组织的其他农户。

承包方转让土地承包经营权的，应当以书面形式向发包方提交申请。发包方同意转让的，承包方与受让方应当签订书面合同；发包方不同意转让的，应当于七日内向承包方书面说明理由。发包方无法定理由的，不得拒绝同意承包方的转让申请。未经发包方同意的，土地承包经营权转让合同无效。

土地承包经营权转让合同，应当符合下列要求：

（一）受让方是本集体经济组织的农户；

（二）转让后的承包期限不超过承包期的剩余期限；

（三）法律、法规和规章规定的其他事项。

土地承包经营权转让后，受让方应当与发包方签订承包合同。原承包方与发包方在该土地上的承包关系终止，承包期内其土地承包经营权部分或者全部消灭，并不得再要求承包土地。

第四章 承包档案和信息管理

第二十一条 承包合同管理工作中形成的，对国家、社会和个人有保存价值的文字、图表、声像、数据等各种形式和载体的材料，应当纳入农村土地承包档案管理。

县级以上地方人民政府农业农村主管（农村经营管理）部门、乡（镇）人民政府农村土地承包管理部门应当制定工作方案、健全档案工作管理制度、落实专项经费、指定工作人员、配备必要设施设备，确保农村土地承包档案完整与安全。

发包方应当将农村土地承包档案纳入村级档案管理。

第二十二条 承包合同管理工作中产生、使用和保管的数据，包括承包地权属数据、地理信息数据和其他相关数据等，应当纳入农村土地承包数据管理。

县级以上地方人民政府农业农村主管（农村经营管理）部门负责本行政区域内农村土地承包数据的管理，组织开展数据采集、使用、更新、保管和保密等工作，并向上级业务主管部门提交数据。

鼓励县级以上地方人民政府农业农村主管（农村经营管理）部门通过数据交换接口、数据抄送等方式与相关部门和机构实现承包合同数据互通共享，并明确使用、保管和保密责任。

第二十三条 县级以上地方人民政府农业农村主管（农村经营管理）部门应当加强农村土地承包合同管理信息化建设，按照统一标准和技术规范建立国家、省、市、县等互联互通的农村土地承包信息应用平台。

第二十四条 县级以上地方人民政府农业农村主管（农村经营管理）部门、乡（镇）人民政府农村土地承包管理部门应当利用农村土地承包信息应用平台，组织开展承包合同网签。

第二十五条 承包方、利害关系人有权依法查询、复制农村土地承包档案和农村土地承包数据的相关资料，发包方、乡（镇）人民政府农村土地承包管理部门、县级以上地方人民政府农业农村主管（农村经营管理）部门应当依法提供。

第五章 土地承包经营权调查

第二十六条 土地承包经营权调查，应当查清发包方、承包方的名称，发包方负责人和承包方代表的姓名、身份证号码、住所，承包方家庭成员，承包地块的名称、坐落、面积、质量等级、土地用途等信息。

第二十七条 土地承包经营权调查应当按照农村土地承包经营权调查规程实施，一般包括准备工作、权属调查、地块测量、审核公示、勘误修正、结果确认、信息入库、成果归档等。

农村土地承包经营权调查规程由农业农村部制定。

第二十八条 土地承包经营权调查的成果，应当符合农村土地承包经营权调查规程的质量要求，并纳入农村土地承包信息应用平台统一管理。

第二十九条 县级以上地方人民政府农业农村主管（农村经营管

理）部门、乡（镇）人民政府农村土地承包管理部门依法组织开展本行政区域内的土地承包经营权调查。

土地承包经营权调查可以依法聘请具有相应资质的单位开展。

第六章　法律责任

第三十条　国家机关及其工作人员利用职权干涉承包合同的订立、变更、终止，给承包方造成损失的，应当依法承担损害赔偿等责任；情节严重的，由上级机关或者所在单位给予直接责任人员处分；构成犯罪的，依法追究刑事责任。

第三十一条　土地承包经营权调查、农村土地承包档案管理、农村土地承包数据管理和使用过程中发生的违法行为，根据相关法律法规的规定予以处罚；构成犯罪的，依法追究刑事责任。

第七章　附　　则

第三十二条　本办法所称农村土地，是指除林地、草地以外的，农民集体所有和国家所有依法由农民集体使用的耕地和其他依法用于农业的土地。

本办法所称承包合同，是指在家庭承包方式中，发包方和承包方依法签订的土地承包经营权合同。

第三十三条　本办法施行以前依法签订的承包合同继续有效。

第三十四条　本办法自 2023 年 5 月 1 日起施行。农业部 2003 年 11 月 14 日发布的《中华人民共和国农村土地承包经营权证管理办法》（农业部令第 33 号）同时废止。

农村土地经营权流转交易市场运行规范（试行）

（2016年6月29日　农经发〔2016〕9号）

为加强对农村土地经营权流转交易市场的工作指导，依法推进土地经营权有序流转，依据《农村土地承包法》《农村土地承包经营权流转管理办法》《农村土地承包经营权证管理办法》等法律、规章及相关政策，制定本规范。

第一条　在农村土地经营权流转交易市场内，进行农村土地经营权流转交易的，适用本规范。

本规范所指农村土地经营权流转交易市场，是指为农村土地经营权依法流转交易提供服务的平台，主要包括农村土地经营权流转服务中心、农村集体资产管理交易中心、农村产权交易中心（所）等。

第二条　农村土地经营权流转交易应具备以下条件：

（一）权属清晰无争议；

（二）交易双方必须是具有完全民事权利能力和民事行为能力的自然人、法人或其他组织，且有流转交易的真实意愿；

（三）流出方必须是产权权利人，或者受产权权利人委托的组织或个人；

（四）流转交易要符合法律法规和环境保护规划、农业产业发展规划、土地利用总体规划和城乡一体化建设规划等政策规定。

第三条　农村土地经营权流转交易市场的交易品种包括：

（一）家庭承包方式取得的土地经营权；

（二）其他承包方式取得的土地经营权；

（三）集体经济组织未发包的土地经营权；

（四）其他依法可流转交易的土地经营权。

第四条　农村集体经济组织、承包农户、家庭农场、专业大户、农民专业合作社、农业企业等各类农业经营主体，以及具备农业生产经营能力的其他组织或个人均可以依法在农村土地经营权流转交易市场进行交易。

第五条　流出方在农村土地经营权流转交易市场进行交易，应提交以下材料：

（一）家庭承包方式取得的土地经营权：

1. 身份证明；

2.《农村土地承包经营权证》；

3. 农村集体经济组织或中介组织（个人）受托流转承包土地的，应当提供书面委托书；

4. 土地情况介绍书（主要包括土地位置、四至、面积、质量等级、利用现状、预期价格、流转方式、流转用途等内容）；

5. 农村土地经营权流转交易市场要求提供的其他材料。

（二）其他承包方式取得的土地经营权：

1. 身份证明；

2.《农村土地承包经营权证》或其他权属证明材料；

3. 土地情况介绍书（主要包括土地位置、四至、面积、质量等级、利用现状、预期价格、流转方式、流转用途等内容）；

4. 农村土地经营权流转交易市场要求提供的其他材料。

（三）农村集体经济组织未发包的土地经营权：

1. 农村集体经济组织主体资格证明材料；

2. 具体承办人的身份证明；

3. 集体土地所有权权属证明材料；

4. 农村集体经济组织成员的村民会议三分之二以上成员或者三分之二以上村民代表签署同意流转土地的书面证明；

5. 土地情况介绍书（主要包括土地位置、四至、面积、质量等级、利用现状、预期价格及作价依据、流转方式、流转用途等内容）；

6. 农村土地经营权流转交易市场要求提供的其他材料。

（四）其他依法可流转交易的土地经营权参照以上情形，按照农村土地经营权流转交易市场要求提供相关材料。

第六条 流入方在农村土地经营权流转交易市场进行交易，应提交以下材料：

（一）身份证明等主体资格证明材料；

（二）流入申请（主要包括流入土地的用途、面积、期限等内容）；

（三）流入土地超过当地规定标准的，需提供农业经营能力等证明，项目可行性报告，以及有权批准机构准予流转交易的证明；

（四）农村土地经营权流转交易市场要求提供的其他材料。

第七条 交易双方应当对所提交材料的真实性、完整性、合法性、有效性负责。

第八条 流出方和流入方与农村土地经营权流转交易市场签署流转交易服务协议，明确农村土地经营权流转交易市场提供的服务内容及协议双方的权利、义务。

第九条 农村土地经营权流转交易市场公开发布供求信息。信息主要包括以下内容：

（一）流转土地的基本情况（主要包括土地位置、四至、面积、质量等级、利用现状、预期价格、流转方式、流转用途等内容）；

（二）流出方或流入方的基本情况和相关条件；

（三）需要公布的其他事项。

第十条 土地经营权流转信息的发布公示期限不少于10个工作日。同一宗土地的经营权再次流转交易须设定间隔期限。在公示期限内，如出现重大变化，应及时发布变更信息，并重新计算公示期限。公示期结束后，农村土地经营权流转市场组织交易。

第十一条 土地经营权流出方或流入方可以委托具有资质的评估机构对土地经营权流转交易价格进行评估。

第十二条 集体经济组织未发包的土地经营权流转交易底价应当由农民集体民主协商决定。

第十三条 交易双方应参照土地经营权流转交易合同示范文本订立合同，主要包括以下内容：

（一）双方的基本信息；

（二）流转土地的四至、坐落、面积、质量等级；

（三）流转的期限和起止日期；

（四）流转土地的用途；

（五）流转价款及支付方式；

（六）合同到期后地上附着物及相关设施的处理；

（七）双方的权利和义务；

（八）双方的违约责任、争议解决方式、合同变更和解除的条件；

（九）双方认为需要约定的其他事项。

第十四条 流转交易合同到期后，流入方在同等条件下可优先续约。

第十五条 按照农村土地经营权流转交易市场的相关要求，流转交易双方签订合同后，可以获得农村土地经营权流转交易市场提供的流转交易鉴证。

第十六条 农村土地经营权流转交易鉴证应载明如下事项：

（一）项目编号；

（二）签约日期；

（三）流出方及委托人全称；

（四）流入方及委托人全称；

（五）合同期限和起止日期；

（六）成交金额；

（七）支付方式；

（八）其他事项。

第十七条 交易过程中，交易双方合同签订前，有以下情形之一的，经流出方、流入方或者第三方提出申请，农村土地经营权流转交易市场确认后，可以中止交易：

（一）农村土地经营权存在权属争议且尚未解决的；

（二）因不可抗力致使交易活动不能按约定的期限和程序进行的；

（三）其他情况导致交易中止的。

第十八条 交易过程中，交易双方合同签订前，有以下情形之一的，农村土地经营权流转交易市场可以终止交易：

（一）中止交易后未能消除影响交易中止的因素导致交易无法继续进行的；

（二）人民法院、仲裁机构等单位依法发出终止交易书面通知的；

（三）其他需要终止交易的。

第十九条 经有权机关授权，农村土地经营权流转交易市场可以开展土地经营权抵押登记。

第二十条 土地经营权抵押人向农村土地经营权流转交易市场提出抵押登记申请的，应提供以下材料：

（一）农村土地经营权抵押申请；

（二）抵押登记申请人身份证明，法人和其他组织还需提供统一社会信用代码、工商营业执照副本或其他证明材料；

（三）相关方同意土地经营权用于抵押和合法再流转的证明；

（四）土地经营权权属证明材料或土地经营权流转交易鉴证；

（五）农村土地经营权流转交易市场要求提供的其他材料。

第二十一条 农村土地经营权流转交易市场应当将交易过程中形成的文字、图片等相关资料妥善保存，建立健全档案管理制度。

第二十二条 相关权利人可以获得档案信息查询服务，农村土地经营权流转交易市场在提供档案查询服务时，不得损害国家安全和利益，不得损害社会和其他组织的利益，不得侵犯他人合法权益。

第二十三条 农村土地经营权流转交易市场应交易双方要求，可以组织提供法律咨询、资产评估、会计审计、项目策划、金融保险等服务。提供有关服务的收费标准，根据相关规定由当地物价部门核定并予以公示。

第二十四条 农村土地经营权流转交易市场应当制定工作规程和采取必要措施，保障农村土地经营权流转交易公开、公正、规范运行，自觉接受社会公众监督和依法接受有关部门管理。

第二十五条 农村土地经营权流转交易发生争议或者纠纷，相关权利人可以依法申请调解、仲裁或提起诉讼。

最高人民法院关于审理涉及农村土地承包纠纷案件适用法律问题的解释

（2005 年 3 月 29 日最高人民法院审判委员会第 1346 次会议通过　根据 2020 年 12 月 23 日最高人民法院审判委员会第 1823 次会议通过的《最高人民法院关于修改〈最高人民法院关于在民事审判工作中适用《中华人民共和国工会法》若干问题的解释〉等二十七件民事类司法解释的决定》修正）

为正确审理农村土地承包纠纷案件，依法保护当事人的合法权益，根据《中华人民共和国民法典》《中华人民共和国农村土地承包法》《中华人民共和国土地管理法》《中华人民共和国民事诉讼法》等法律的规定，结合民事审判实践，制定本解释。

一、受理与诉讼主体

第一条 下列涉及农村土地承包民事纠纷，人民法院应当依法受理：

（一）承包合同纠纷；

（二）承包经营权侵权纠纷；

（三）土地经营权侵权纠纷；

（四）承包经营权互换、转让纠纷；

（五）土地经营权流转纠纷；

（六）承包地征收补偿费用分配纠纷；

（七）承包经营权继承纠纷；

（八）土地经营权继承纠纷。

农村集体经济组织成员因未实际取得土地承包经营权提起民事诉讼的，人民法院应当告知其向有关行政主管部门申请解决。

农村集体经济组织成员就用于分配的土地补偿费数额提起民事诉讼的，人民法院不予受理。

第二条 当事人自愿达成书面仲裁协议的，受诉人民法院应当参照《最高人民法院关于适用〈中华人民共和国民事诉讼法〉的解释》第二百一十五条、第二百一十六条的规定处理。

当事人未达成书面仲裁协议，一方当事人向农村土地承包仲裁机构申请仲裁，另一方当事人提起诉讼的，人民法院应予受理，并书面通知仲裁机构。但另一方当事人接受仲裁管辖后又起诉的，人民法院不予受理。

当事人对仲裁裁决不服并在收到裁决书之日起三十日内提起诉讼的，人民法院应予受理。

第三条 承包合同纠纷，以发包方和承包方为当事人。

前款所称承包方是指以家庭承包方式承包本集体经济组织农村土地的农户，以及以其他方式承包农村土地的组织或者个人。

第四条 农户成员为多人的，由其代表人进行诉讼。

农户代表人按照下列情形确定：

（一）土地承包经营权证等证书上记载的人；

（二）未依法登记取得土地承包经营权证等证书的，为在承包合同上签名的人；

（三）前两项规定的人死亡、丧失民事行为能力或者因其他原因无法进行诉讼的，为农户成员推选的人。

二、家庭承包纠纷案件的处理

第五条 承包合同中有关收回、调整承包地的约定违反农村土地承包法第二十七条、第二十八条、第三十一条规定的，应当认定该约定无效。

第六条 因发包方违法收回、调整承包地，或者因发包方收回承包方弃耕、撂荒的承包地产生的纠纷，按照下列情形，分别处理：

（一）发包方未将承包地另行发包，承包方请求返还承包地的，应予支持；

（二）发包方已将承包地另行发包给第三人，承包方以发包方和第三人为共同被告，请求确认其所签订的承包合同无效、返还承包地并赔偿损失的，应予支持。但属于承包方弃耕、撂荒情形的，对其赔偿损失的诉讼请求，不予支持。

前款第（二）项所称的第三人，请求受益方补偿其在承包地上的合理投入的，应予支持。

第七条 承包合同约定或者土地承包经营权证等证书记载的承包期限短于农村土地承包法规定的期限，承包方请求延长的，应予支持。

第八条 承包方违反农村土地承包法第十八条规定，未经依法批准将承包地用于非农建设或者对承包地造成永久性损害，发包方请求承包方停止侵害、恢复原状或者赔偿损失的，应予支持。

第九条 发包方根据农村土地承包法第二十七条规定收回承包地前，承包方已经以出租、入股或者其他形式将其土地经营权流转给第三人，且流转期限尚未届满，因流转价款收取产生的纠纷，按照下列情形，分别处理：

（一）承包方已经一次性收取了流转价款，发包方请求承包方返还剩余流转期限的流转价款的，应予支持；

（二）流转价款为分期支付，发包方请求第三人按照流转合同的约定支付流转价款的，应予支持。

第十条 承包方交回承包地不符合农村土地承包法第三十条规定程序的，不得认定其为自愿交回。

第十一条 土地经营权流转中，本集体经济组织成员在流转价款、流转期限等主要内容相同的条件下主张优先权的，应予支持。但下列情形除外：

（一）在书面公示的合理期限内未提出优先权主张的；

（二）未经书面公示，在本集体经济组织以外的人开始使用承包地两个月内未提出优先权主张的。

第十二条 发包方胁迫承包方将土地经营权流转给第三人，承包方请求撤销其与第三人签订的流转合同的，应予支持。

发包方阻碍承包方依法流转土地经营权，承包方请求排除妨碍、赔偿损失的，应予支持。

第十三条 承包方未经发包方同意，转让其土地承包经营权的，转让合同无效。但发包方无法定理由不同意或者拖延表态的除外。

第十四条 承包方依法采取出租、入股或者其他方式流转土地经营权，发包方仅以该土地经营权流转合同未报其备案为由，请求确认合同无效的，不予支持。

第十五条 因承包方不收取流转价款或者向对方支付费用的约定产生纠纷，当事人协商变更无法达成一致，且继续履行又显失公平的，人民法院可以根据发生变更的客观情况，按照公平原则处理。

第十六条 当事人对出租地流转期限没有约定或者约定不明的，参照民法典第七百三十条规定处理。除当事人另有约定或者属于林地承包经营外，承包地交回的时间应当在农作物收获期结束后或者下一耕种期开始前。

对提高土地生产能力的投入，对方当事人请求承包方给予相应补偿的，应予支持。

第十七条 发包方或者其他组织、个人擅自截留、扣缴承包收益或者土地经营权流转收益，承包方请求返还的，应予支持。

发包方或者其他组织、个人主张抵销的，不予支持。

三、其他方式承包纠纷的处理

第十八条 本集体经济组织成员在承包费、承包期限等主要内容相同的条件下主张优先承包的，应予支持。但在发包方将农村土地发包给本集体经济组织以外的组织或者个人，已经法律规定的民主议定程序通过，并由乡（镇）人民政府批准后主张优先承包的，不予支持。

第十九条 发包方就同一土地签订两个以上承包合同，承包方均主张取得土地经营权的，按照下列情形，分别处理：

（一）已经依法登记的承包方，取得土地经营权；

（二）均未依法登记的，生效在先合同的承包方取得土地经营权；

（三）依前两项规定无法确定的，已经根据承包合同合法占有使用承包地的人取得土地经营权，但争议发生后一方强行先占承包地的行为和事实，不得作为确定土地经营权的依据。

四、土地征收补偿费用分配及土地承包经营权继承纠纷的处理

第二十条 承包地被依法征收，承包方请求发包方给付已经收到的地上附着物和青苗的补偿费的，应予支持。

承包方已将土地经营权以出租、入股或者其他方式流转给第三人的，除当事人另有约定外，青苗补偿费归实际投入人所有，地上附着物补偿费归附着物所有人所有。

第二十一条 承包地被依法征收，放弃统一安置的家庭承包方，请求发包方给付已经收到的安置补助费的，应予支持。

第二十二条 农村集体经济组织或者村民委员会、村民小组，可以依照法律规定的民主议定程序，决定在本集体经济组织内部分配已经收到的土地补偿费。征地补偿安置方案确定时已经具有本集体经济组织成员资格的人，请求支付相应份额的，应予支持。但已报全国人大常委会、国务院备案的地方性法规、自治条例和单行条例、地方政府规章对土地补偿费在农村集体经济组织内部的分配办法另有规定的

除外。

第二十三条 林地家庭承包中，承包方的继承人请求在承包期内继续承包的，应予支持。

其他方式承包中，承包方的继承人或者权利义务承受者请求在承包期内继续承包的，应予支持。

五、其他规定

第二十四条 人民法院在审理涉及本解释第五条、第六条第一款第（二）项及第二款、第十五条的纠纷案件时，应当着重进行调解。必要时可以委托人民调解组织进行调解。

第二十五条 本解释自2005年9月1日起施行。施行后受理的第一审案件，适用本解释的规定。

施行前已经生效的司法解释与本解释不一致的，以本解释为准。

最高人民法院关于审理涉及农村集体土地行政案件若干问题的规定

（2011年5月9日最高人民法院审判委员会第1522次会议通过 2011年8月7日最高人民法院公告公布 自2011年9月5日起施行 法释〔2011〕20号）

为正确审理涉及农村集体土地的行政案件，根据《中华人民共和国物权法》、《中华人民共和国土地管理法》和《中华人民共和国行政诉讼法》等有关法律规定，结合行政审判实际，制定本规定。

第一条 农村集体土地的权利人或者利害关系人（以下简称土地权利人）认为行政机关作出的涉及农村集体土地的行政行为侵犯其合法权益，提起诉讼的，属于人民法院行政诉讼的受案范围。

第二条 土地登记机构根据人民法院生效裁判文书、协助执行通知书或者仲裁机构的法律文书办理的土地权属登记行为，土地权利人不服提起诉讼的，人民法院不予受理，但土地权利人认为登记内容与有关文书内容不一致的除外。

第三条 村民委员会或者农村集体经济组织对涉及农村集体土地的行政行为不起诉的，过半数的村民可以以集体经济组织名义提起诉讼。

农村集体经济组织成员全部转为城镇居民后，对涉及农村集体土地的行政行为不服的，过半数的原集体经济组织成员可以提起诉讼。

第四条 土地使用权人或者实际使用人对行政机关作出涉及其使用或实际使用的集体土地的行政行为不服的，可以以自己的名义提起诉讼。

第五条 土地权利人认为土地储备机构作出的行为侵犯其依法享有的农村集体土地所有权或使用权，向人民法院提起诉讼的，应当以土地储备机构所隶属的土地管理部门为被告。

第六条 土地权利人认为乡级以上人民政府作出的土地确权决定侵犯其依法享有的农村集体土地所有权或者使用权，经复议后向人民法院提起诉讼的，人民法院应当依法受理。

法律、法规规定应当先申请行政复议的土地行政案件，复议机关作出不受理复议申请的决定或者以不符合受理条件为由驳回复议申请，复议申请人不服的，应当以复议机关为被告向人民法院提起诉讼。

第七条 土地权利人认为行政机关作出的行政处罚、行政强制措施等行政行为侵犯其依法享有的农村集体土地所有权或者使用权，直接向人民法院提起诉讼的，人民法院应当依法受理。

第八条 土地权属登记（包括土地权属证书）在生效裁判和仲裁裁决中作为定案证据，利害关系人对该登记行为提起诉讼的，人民法院应当依法受理。

第九条 涉及农村集体土地的行政决定以公告方式送达的，起诉期限自公告确定的期限届满之日起计算。

第十条 土地权利人对土地管理部门组织实施过程中确定的土地补偿有异议，直接向人民法院提起诉讼的，人民法院不予受理，但应当告知土地权利人先申请行政机关裁决。

第十一条 土地权利人以土地管理部门超过两年对非法占地行为进行处罚违法，向人民法院起诉的，人民法院应当按照行政处罚法第二十九条第二款的规定处理。

第十二条 征收农村集体土地时涉及被征收土地上的房屋及其他

不动产，土地权利人可以请求依照物权法第四十二条第二款的规定给予补偿的。

征收农村集体土地时未就被征收土地上的房屋及其他不动产进行安置补偿，补偿安置时房屋所在地已纳入城市规划区，土地权利人请求参照执行国有土地上房屋征收补偿标准的，人民法院一般应予支持，但应当扣除已经取得的土地补偿费。

第十三条 在审理土地行政案件中，人民法院经当事人同意进行协调的期间，不计算在审理期限内。当事人不同意继续协商的，人民法院应当及时审理，并恢复计算审理期限。

第十四条 县级以上人民政府土地管理部门根据土地管理法实施条例第四十五条的规定，申请人民法院执行其作出的责令交出土地决定的，应当符合下列条件：

（一）征收土地方案已经有权机关依法批准；

（二）市、县人民政府和土地管理部门已经依照土地管理法和土地管理法实施条例规定的程序实施征地行为；

（三）被征收土地所有权人、使用人已经依法得到安置补偿或者无正当理由拒绝接受安置补偿，且拒不交出土地，已经影响到征收工作的正常进行；

（四）符合最高人民法院《关于执行〈中华人民共和国行政诉讼法〉若干问题的解释》第八十六条规定的条件。

人民法院对符合条件的申请，应当裁定予以受理，并通知申请人；对不符合条件的申请，应当裁定不予受理。

第十五条 最高人民法院以前所作的司法解释与本规定不一致的，以本规定为准。

实用附录：

《中华人民共和国农村土地承包法》修改前后对照表

（条文中黑体字为新增或者修改后的内容，阴影为删去的内容）

《中华人民共和国农村土地承包法》（2009年8月27日第一次修正）	《中华人民共和国农村土地承包法》（2018年12月29日第二次修正）
第一章　总则	**第一章　总则**
第一条　为稳定和完善以家庭承包经营为基础、统分结合的双层经营体制，赋予农民长期而有保障的土地使用权，维护农村土地承包当事人的合法权益，促进农业、农村经济发展和农村社会稳定，根据宪法，制定本法。	**第一条**　为**了巩固**和完善以家庭承包经营为基础、统分结合的双层经营体制，**保持农村土地承包关系稳定并长久不变**，维护农村土地承包经营当事人的合法权益，促进农业、农村经济发展和农村社会**和谐**稳定，根据宪法，制定本法。
第二条　本法所称农村土地，是指农民集体所有和国家所有依法由农民集体使用的耕地、林地、草地，以及其他依法用于农业的土地。	**第二条**　本法所称农村土地，是指农民集体所有和国家所有依法由农民集体使用的耕地、林地、草地，以及其他依法用于农业的土地。
第三条　国家实行农村土地承包经营制度。 农村土地承包采取农村集体经济组织内部的家庭承包方式，不宜采取家庭承包方式的荒山、荒沟、荒丘、荒滩等农村土地，可以采取招标、拍卖、公开协商等方式承包。	**第三条**　国家实行农村土地承包经营制度。 农村土地承包采取农村集体经济组织内部的家庭承包方式，不宜采取家庭承包方式的荒山、荒沟、荒丘、荒滩等农村土地，可以采取招标、拍卖、公开协商等方式承包。
第四条　国家依法保护农村土地承包关系的长期稳定。 农村土地承包后，土地的所有权性质不变。承包地不得买卖。	**第四条**　农村土地承包后，土地的所有权性质不变。承包地不得买卖。

《中华人民共和国农村土地承包法》（2009 年 8 月 27 日第一次修正）	《中华人民共和国农村土地承包法》（2018 年 12 月 29 日第二次修正）
第五条 农村集体经济组织成员有权依法承包由本集体经济组织发包的农村土地。 任何组织和个人不得剥夺和非法限制农村集体经济组织成员承包土地的权利。	**第五条** 农村集体经济组织成员有权依法承包由本集体经济组织发包的农村土地。 任何组织和个人不得剥夺和非法限制农村集体经济组织成员承包土地的权利。
第六条 农村土地承包，妇女与男子享有平等的权利。承包中应当保护妇女的合法权益，任何组织和个人不得剥夺、侵害妇女应当享有的土地承包经营权。	**第六条** 农村土地承包，妇女与男子享有平等的权利。承包中应当保护妇女的合法权益，任何组织和个人不得剥夺、侵害妇女应当享有的土地承包经营权。
第七条 农村土地承包应当坚持公开、公平、公正的原则，正确处理国家、集体、个人三者的利益关系。	**第七条** 农村土地承包应当坚持公开、公平、公正的原则，正确处理国家、集体、个人三者的利益关系。
第九条 国家保护集体土地所有者的合法权益，保护承包方的土地承包经营权，任何组织和个人不得侵犯。	**第八条** 国家保护集体土地所有者的合法权益，保护承包方的土地承包经营权，任何组织和个人不得侵犯。
	第九条 承包方承包土地后，享有土地承包经营权，可以自己经营，也可以保留土地承包权，流转其承包地的土地经营权，由他人经营。
第十条 国家保护承包方依法、自愿、有偿地进行土地承包经营权流转。	**第十条** 国家保护承包方依法、自愿、有偿**流转土地经营权，保护土地经营权人的合法权益，任何组织和个人不得侵犯。**
第八条 农村土地承包应当遵守法律、法规，保护土地资源的合理开发和可持续利用。未经依法批准不得将承包地用于非农建设。	**第十一条** 农村土地承包经营应当遵守法律、法规，保护土地资源的合理开发和可持续利用。未经依法批准不得将承包地用于非农建设。

《中华人民共和国农村土地承包法》（2009年8月27日第一次修正）	《中华人民共和国农村土地承包法》（2018年12月29日第二次修正）
国家鼓励农民和农村集体经济组织增加对土地的投入，培肥地力，提高农业生产能力。	国家鼓励增加对土地的投入，培肥地力，提高农业生产能力。
第十一条 国务院农业、林业行政主管部门分别依照国务院规定的职责负责全国农村土地承包及承包合同管理的指导。县级以上地方人民政府农业、林业等行政主管部门分别依照各自职责，负责本行政区域内农村土地承包及承包合同管理。乡（镇）人民政府负责本行政区域内农村土地承包及承包合同管理。	**第十二条** 国务院农业**农村**、林业**和草原**主管部门分别依照国务院规定的职责负责全国农村土地承包**经营**及承包**经营**合同管理的指导。 县级以上地方人民政府农业**农村**、林业**和草原**等主管部门分别依照各自职责，负责本行政区域内农村土地承包**经营**及承包**经营**合同管理。 乡（镇）人民政府负责本行政区域内农村土地承包**经营**及承包**经营**合同管理。
第二章 家庭承包	**第二章 家庭承包**
第一节 发包方和承包方的权利和义务	第一节 发包方和承包方的权利和义务
第十二条 农民集体所有的土地依法属于村农民集体所有的，由村集体经济组织或者村民委员会发包；已经分别属于村内两个以上农村集体经济组织的农民集体所有的，由村内各该农村集体经济组织或者村民小组发包。村集体经济组织或者村民委员会发包的，不得改变村内各集体经济组织农民集体所有的土地的所有权。 国家所有依法由农民集体使用的农村土地，由使用该土地的农村集体经济组织、村民委员会或者村民小组发包。	**第十三条** 农民集体所有的土地依法属于村农民集体所有的，由村集体经济组织或者村民委员会发包；已经分别属于村内两个以上农村集体经济组织的农民集体所有的，由村内各该农村集体经济组织或者村民小组发包。村集体经济组织或者村民委员会发包的，不得改变村内各集体经济组织农民集体所有的土地的所有权。 国家所有依法由农民集体使用的农村土地，由使用该土地的农村集体经济组织、村民委员会或者村民小组发包。

《中华人民共和国农村土地承包法》（2009年8月27日第一次修正）	《中华人民共和国农村土地承包法》（2018年12月29日第二次修正）
第十三条 发包方享有下列权利： （一）发包本集体所有的或者国家所有依法由本集体使用的农村土地； （二）监督承包方依照承包合同约定的用途合理利用和保护土地； （三）制止承包方损害承包地和农业资源的行为； （四）法律、行政法规规定的其他权利。	**第十四条** 发包方享有下列权利： （一）发包本集体所有的或者国家所有依法由本集体使用的农村土地； （二）监督承包方依照承包合同约定的用途合理利用和保护土地； （三）制止承包方损害承包地和农业资源的行为； （四）法律、行政法规规定的其他权利。
第十四条 发包方承担下列义务： （一）维护承包方的土地承包经营权，不得非法变更、解除承包合同； （二）尊重承包方的生产经营自主权，不得干涉承包方依法进行正常的生产经营活动； （三）依照承包合同约定为承包方提供生产、技术、信息等服务； （四）执行县、乡（镇）土地利用总体规划，组织本集体经济组织内的农业基础设施建设； （五）法律、行政法规规定的其他义务。	**第十五条** 发包方承担下列义务： （一）维护承包方的土地承包经营权，不得非法变更、解除承包合同； （二）尊重承包方的生产经营自主权，不得干涉承包方依法进行正常的生产经营活动； （三）依照承包合同约定为承包方提供生产、技术、信息等服务； （四）执行县、乡（镇）土地利用总体规划，组织本集体经济组织内的农业基础设施建设； （五）法律、行政法规规定的其他义务。
第十五条 家庭承包的承包方是本集体经济组织的农户。	**第十六条** 家庭承包的承包方是本集体经济组织的农户。 **农户内家庭成员依法平等享有承包土地的各项权益。**

《中华人民共和国农村土地承包法》（2009 年 8 月 27 日第一次修正）	《中华人民共和国农村土地承包法》（2018 年 12 月 29 日第二次修正）
第十六条　承包方享有下列权利： （一）依法享有承包地使用、收益和土地承包经营权流转的权利，有权自主组织生产经营和处置产品； （二）承包地被依法征收、征用、占用的，有权依法获得相应的补偿； （三）法律、行政法规规定的其他权利。	**第十七条**　承包方享有下列权利： （一）依法享有承包地使用、收益的权利，有权自主组织生产经营和处置产品； **（二）依法互换、转让土地承包经营权；** **（三）依法流转土地经营权；** **（四）**承包地被依法征收、征用、占用的，有权依法获得相应的补偿； **（五）**法律、行政法规规定的其他权利。
第十七条　承包方承担下列义务： （一）维持土地的农业用途，不得用于非农建设； （二）依法保护和合理利用土地，不得给土地造成永久性损害； （三）法律、行政法规规定的其他义务。	**第十八条**　承包方承担下列义务： （一）维持土地的农业用途，**未经依法批准**不得用于非农建设； （二）依法保护和合理利用土地，不得给土地造成永久性损害； （三）法律、行政法规规定的其他义务。
第二节　承包的原则和程序	第二节　承包的原则和程序
第十八条　土地承包应当遵循以下原则： （一）按照规定统一组织承包时，本集体经济组织成员依法平等地行使承包土地的权利，也可以自愿放弃承包土地的权利； （二）民主协商，公平合理； （三）承包方案应当按照本法第十二条的规定，依法经本集体经济组织成员的村民会议三分之二以	**第十九条**　土地承包应当遵循以下原则： （一）按照规定统一组织承包时，本集体经济组织成员依法平等地行使承包土地的权利，也可以自愿放弃承包土地的权利； （二）民主协商，公平合理； （三）承包方案应当按照本法第十三条的规定，依法经本集体经济组织成员的村民会议三分之二以

《中华人民共和国农村土地承包法》（2009年8月27日第一次修正）	《中华人民共和国农村土地承包法》（2018年12月29日第二次修正）
上成员或者三分之二以上村民代表的同意； （四）承包程序合法。	上成员或者三分之二以上村民代表的同意； （四）承包程序合法。
第十九条 土地承包应当按照以下程序进行： （一）本集体经济组织成员的村民会议选举产生承包工作小组； （二）承包工作小组依照法律、法规的规定拟订并公布承包方案； （三）依法召开本集体经济组织成员的村民会议，讨论通过承包方案； （四）公开组织实施承包方案； （五）签订承包合同。	**第二十条** 土地承包应当按照以下程序进行： （一）本集体经济组织成员的村民会议选举产生承包工作小组； （二）承包工作小组依照法律、法规的规定拟订并公布承包方案； （三）依法召开本集体经济组织成员的村民会议，讨论通过承包方案； （四）公开组织实施承包方案； （五）签订承包合同。
第三节 承包期限和承包合同	第三节 承包期限和承包合同
第二十条 耕地的承包期为三十年。草地的承包期为三十年至五十年。林地的承包期为三十年至七十年；特殊林木的林地承包期，经国务院林业行政主管部门批准可以延长。	**第二十一条** 耕地的承包期为三十年。草地的承包期为三十年至五十年。林地的承包期为三十年至七十年。 **前款规定的耕地承包期届满后再延长三十年，草地、林地承包期届满后依照前款规定相应延长。**
第二十一条 发包方应当与承包方签订书面承包合同。 承包合同一般包括以下条款： （一）发包方、承包方的名称，发包方负责人和承包方代表的姓名、住所； （二）承包土地的名称、坐落、面积、质量等级； （三）承包期限和起止日期；	**第二十二条** 发包方应当与承包方签订书面承包合同。 承包合同一般包括以下条款： （一）发包方、承包方的名称，发包方负责人和承包方代表的姓名、住所； （二）承包土地的名称、坐落、面积、质量等级； （三）承包期限和起止日期；

《中华人民共和国农村土地承包法》（2009 年 8 月 27 日第一次修正）	《中华人民共和国农村土地承包法》（2018 年 12 月 29 日第二次修正）
（四）承包土地的用途； （五）发包方和承包方的权利和义务； （六）违约责任。	（四）承包土地的用途； （五）发包方和承包方的权利和义务； （六）违约责任。
第二十二条 承包合同自成立之日起生效。承包方自承包合同生效时取得土地承包经营权。	**第二十三条** 承包合同自成立之日起生效。承包方自承包合同生效时取得土地承包经营权。
第二十三条 县级以上地方人民政府应当向承包方颁发土地承包经营权证或者林权证等证书，并登记造册，确认土地承包经营权。 颁发土地承包经营权证或者林权证等证书，除按规定收取证书工本费外，不得收取其他费用。	**第二十四条 国家对耕地、林地和草地等实行统一登记，登记机构**应当向承包方颁发土地承包经营权证或者林权证等证书，并登记造册，确认土地承包经营权。 **土地承包经营权证或者林权证等证书应当将具有土地承包经营权的全部家庭成员列入。** **登记机构**除按规定收取证书工本费外，不得收取其他费用。
第二十四条 承包合同生效后，发包方不得因承办人或者负责人的变动而变更或者解除，也不得因集体经济组织的分立或者合并而变更或者解除。	**第二十五条** 承包合同生效后，发包方不得因承办人或者负责人的变动而变更或者解除，也不得因集体经济组织的分立或者合并而变更或者解除。
第二十五条 国家机关及其工作人员不得利用职权干涉农村土地承包或者变更、解除承包合同。	**第二十六条** 国家机关及其工作人员不得利用职权干涉农村土地承包或者变更、解除承包合同。
第四节 土地承包经营权的保护	第四节 土地承包经营权的保护**和互换、转让**
第二十六条 承包期内，发包方不得收回承包地。 承包期内，承包方全家迁入小城镇落户的，应当按照承包方的意	**第二十七条** 承包期内，发包方不得收回承包地。 **国家保护进城农户的土地承包经营权。不得以退出土地承包经营**

《中华人民共和国农村土地承包法》（2009 年 8 月 27 日第一次修正）	《中华人民共和国农村土地承包法》（2018 年 12 月 29 日第二次修正）
愿，保留其土地承包经营权或者允许其依法进行土地承包经营权流转。 承包期内，承包方全家迁入设区的市，转为非农业户口的，应当将承包的耕地和草地交回发包方。承包方不交回的，发包方可以收回承包的耕地和草地。 承包期内，承包方交回承包地或者发包方依法收回承包地时，承包方对其在承包地上投入而提高土地生产能力的，有权获得相应的补偿。	**权作为农户进城落户的条件。** 承包期内，承包**农户进城落户的，引导支持其按照自愿有偿原则依法在本集体经济组织内转让土地承包经营权或者将承包地交回发包方，也可以鼓励其流转土地经营权**。 承包期内，承包方交回承包地或者发包方依法收回承包地时，承包方对其在承包地上投入而提高土地生产能力的，有权获得相应的补偿。
第二十七条　承包期内，发包方不得调整承包地。 承包期内，因自然灾害严重毁损承包地等特殊情形对个别农户之间承包的耕地和草地需要适当调整的，必须经本集体经济组织成员的村民会议三分之二以上成员或者三分之二以上村民代表的同意，并报乡（镇）人民政府和县级人民政府农业等行政主管部门批准。承包合同中约定不得调整的，按照其约定。	**第二十八条**　承包期内，发包方不得调整承包地。 承包期内，因自然灾害严重毁损承包地等特殊情形对个别农户之间承包的耕地和草地需要适当调整的，必须经本集体经济组织成员的村民会议三分之二以上成员或者三分之二以上村民代表的同意，并报乡（镇）人民政府和县级人民政府农业**农村、林业和草原**等主管部门批准。承包合同中约定不得调整的，按照其约定。
第二十八条　下列土地应当用于调整承包土地或者承包给新增人口： （一）集体经济组织依法预留的机动地； （二）通过依法开垦等方式增加的； （三）承包方依法、自愿交回的。	**第二十九条**　下列土地应当用于调整承包土地或者承包给新增人口： （一）集体经济组织依法预留的机动地； （二）通过依法开垦等方式增加的； （三）**发包方依法收回和**承包方依法、自愿交回的。

《中华人民共和国农村土地承包法》（2009年8月27日第一次修正）	《中华人民共和国农村土地承包法》（2018年12月29日第二次修正）
第二十九条 承包期内，承包方可以自愿将承包地交回发包方。承包方自愿交回承包地的，应当提前半年以书面形式通知发包方。承包方在承包期内交回承包地的，在承包期内不得再要求承包土地。	**第三十条** 承包期内，承包方可以自愿将承包地交回发包方。承包方自愿交回承包地的，**可以获得合理补偿，但是**应当提前半年以书面形式通知发包方。承包方在承包期内交回承包地的，在承包期内不得再要求承包土地。
第三十条 承包期内，妇女结婚，在新居住地未取得承包地的，发包方不得收回其原承包地；妇女离婚或者丧偶，仍在原居住地生活或者不在原居住地生活但在新居住地未取得承包地的，发包方不得收回其原承包地。	**第三十一条** 承包期内，妇女结婚，在新居住地未取得承包地的，发包方不得收回其原承包地；妇女离婚或者丧偶，仍在原居住地生活或者不在原居住地生活但在新居住地未取得承包地的，发包方不得收回其原承包地。
第三十一条 承包人应得的承包收益，依照继承法的规定继承。 林地承包的承包人死亡，其继承人可以在承包期内继续承包。	**第三十二条** 承包人应得的承包收益，依照继承法的规定继承。 林地承包的承包人死亡，其继承人可以在承包期内继续承包。
第四十条 承包方之间为方便耕种或者各自需要，可以对属于同一集体经济组织的土地的土地承包经营权进行互换。	**第三十三条** 承包方之间为方便耕种或者各自需要，可以对属于同一集体经济组织的土地的土地承包经营权进行互换，**并向发包方备案**。
第四十一条 承包方有稳定的非农职业或者有稳定的收入来源的，经发包方同意，可以将全部或者部分土地承包经营权转让给其他从事农业生产经营的农户，由该农户同发包方确立新的承包关系，原承包方与发包方在该土地上的承包关系即行终止。	**第三十四条** 经发包方同意，**承包方**可以将全部或者部分**的**土地承包经营权转让给**本集体经济组织的**其他农户，由该农户同发包方确立新的承包关系，原承包方与发包方在该土地上的承包关系即行终止。

《中华人民共和国农村土地承包法》（2009年8月27日第一次修正）	《中华人民共和国农村土地承包法》（2018年12月29日第二次修正）
第三十八条 土地承包经营权采取互换、转让方式流转，当事人要求登记的，应当向县级以上地方人民政府申请登记。未经登记，不得对抗善意第三人。	**第三十五条** 土地承包经营权互换、转让的，当事人**可以向登记机构**申请登记。未经登记，不得对抗善意第三人。
第五节 土地承包经营权的流转	第五节 土地经营权
第三十二条 通过家庭承包取得的土地承包经营权可以依法采取转包、出租、互换、转让或者其他方式流转。 **第三十四条** 土地承包经营权流转的主体是承包方。承包方有权依法自主决定土地承包经营权是否流转和流转的方式。	**第三十六条** 承包方**可以**自主决定依法采取出租（转包）、**入股**或者其他方式**向他人**流转**土地经营权，并向发包方备案**。
	第三十七条 土地经营权人有权在合同约定的期限内占有农村土地，自主开展农业生产经营并取得收益。
第三十三条 土地承包经营权流转应当遵循以下原则： （一）平等协商、自愿、有偿，任何组织和个人不得强迫或者阻碍承包方进行土地承包经营权流转； （二）不得改变土地所有权的性质和土地的农业用途； （三）流转的期限不得超过承包期的剩余期限； （四）受让方须有农业经营能力； （五）在同等条件下，本集体经济组织成员享有优先权。	**第三十八条** 土地经营权流转应当遵循以下原则： （一）**依法**、自愿、有偿，任何组织和个人不得强迫或者阻碍土地经营权流转； （二）不得改变土地所有权的性质和土地的农业用途，**不得破坏农业综合生产能力和农业生态环境**； （三）流转期限不得超过承包期的剩余期限； （四）受让方须有农业经营能力**或者资质**； （五）在同等条件下，本集体经济组织成员享有优先权。

《中华人民共和国农村土地承包法》（2009年8月27日第一次修正）	《中华人民共和国农村土地承包法》（2018年12月29日第二次修正）
第三十五条　承包期内，发包方不得单方面解除承包合同，不得假借少数服从多数强迫承包方放弃或者变更土地承包经营权，不得以划分“口粮田”和“责任田”等为由收回承包地搞招标承包，不得将承包地收回抵顶欠款。	
第三十六条　土地承包经营权流转的转包费、租金、转让费等，应当由当事人双方协商确定。流转的收益归承包方所有，任何组织和个人不得擅自截留、扣缴。	**第三十九条**　土地经营权流转的**价款**，应当由当事人双方协商确定。流转的收益归承包方所有，任何组织和个人不得擅自截留、扣缴。
第三十七条　土地承包经营权采取转包、出租、互换、转让或者其他方式流转，当事人双方应当签订书面合同。采取转让方式流转的，应当经发包方同意；采取转包、出租、互换或者其他方式流转的，应当报发包方备案。 土地承包经营权流转合同一般包括以下条款： （一）双方当事人的姓名、住所； （二）流转土地的名称、坐落、面积、质量等级； （三）流转的期限和起止日期； （四）流转土地的用途； （五）双方当事人的权利和义务； （六）流转价款及支付方式； （七）违约责任。 **第三十九条第二款**　承包方将土地交由他人代耕不超过一年的，可以不签订书面合同。	**第四十条**　土地经营权流转，当事人双方应当签订书面**流转**合同。 土地经营权流转合同一般包括以下条款： （一）双方当事人的姓名、住所； （二）流转土地的名称、坐落、面积、质量等级； （三）流转期限和起止日期； （四）流转土地的用途； （五）双方当事人的权利和义务； （六）流转价款及支付方式； **（七）土地被依法征收、征用、占用时有关补偿费的归属；** **（八）**违约责任。 承包方将土地交由他人代耕不超过一年的，可以不签订书面合同。

《中华人民共和国农村土地承包法》（2009年8月27日第一次修正）	《中华人民共和国农村土地承包法》（2018年12月29日第二次修正）
	第四十一条　土地经营权流转期限为五年以上的，当事人可以向登记机构申请土地经营权登记。未经登记，不得对抗善意第三人。
	第四十二条　承包方不得单方解除土地经营权流转合同，但受让方有下列情形之一的除外： **（一）擅自改变土地的农业用途；** **（二）弃耕抛荒连续两年以上；** **（三）给土地造成严重损害或者严重破坏土地生态环境；** **（四）其他严重违约行为。**
	第四十三条　经承包方同意，受让方可以依法投资改良土壤，建设农业生产附属、配套设施，并按照合同约定对其投资部分获得合理补偿。
第三十九条第一款　承包方可以在一定期限内将部分或者全部土地承包经营权转包或者出租给第三方，承包方与发包方的承包关系不变。	**第四十四条**　承包方**流转土地经营权的，其**与发包方的承包关系不变。
第四十二条　承包方之间为发展农业经济，可以自愿联合将土地承包经营权入股，从事农业合作生产。	
第四十三条　承包方对其在承包地上投入而提高土地生产能力的，土地承包经营权依法流转时有权获得相应的补偿。	

《中华人民共和国农村土地承包法》（2009 年 8 月 27 日第一次修正）	《中华人民共和国农村土地承包法》（2018 年 12 月 29 日第二次修正）
	第四十五条　县级以上地方人民政府应当建立工商企业等社会资本通过流转取得土地经营权的资格审查、项目审核和风险防范制度。 **工商企业等社会资本通过流转取得土地经营权的，本集体经济组织可以收取适量管理费用。** **具体办法由国务院农业农村、林业和草原主管部门规定。**
	第四十六条　经承包方书面同意，并向本集体经济组织备案，受让方可以再流转土地经营权。
	第四十七条　承包方可以用承包地的土地经营权向金融机构融资担保，并向发包方备案。受让方通过流转取得的土地经营权，经承包方书面同意并向发包方备案，可以向金融机构融资担保。 **担保物权自融资担保合同生效时设立。当事人可以向登记机构申请登记；未经登记，不得对抗善意第三人。** **实现担保物权时，担保物权人有权就土地经营权优先受偿。** **土地经营权融资担保办法由国务院有关部门规定。**
第三章　其他方式的承包	**第三章　其他方式的承包**
第四十四条　不宜采取家庭承包方式的荒山、荒沟、荒丘、荒滩等农村土地，通过招标、拍卖、公开协商等方式承包的，适用本章规定。	**第四十八条**　不宜采取家庭承包方式的荒山、荒沟、荒丘、荒滩等农村土地，通过招标、拍卖、公开协商等方式承包的，适用本章规定。

《中华人民共和国农村土地承包法》（2009年8月27日第一次修正）	《中华人民共和国农村土地承包法》（2018年12月29日第二次修正）
第四十五条 以其他方式承包农村土地的，应当签订承包合同。当事人的权利和义务、承包期限等，由双方协商确定。以招标、拍卖方式承包的，承包费通过公开竞标、竞价确定；以公开协商等方式承包的，承包费由双方议定。	**第四十九条** 以其他方式承包农村土地的，应当签订承包合同，**承包方取得土地经营权**。当事人的权利和义务、承包期限等，由双方协商确定。以招标、拍卖方式承包的，承包费通过公开竞标、竞价确定；以公开协商等方式承包的，承包费由双方议定。
第四十六条 荒山、荒沟、荒丘、荒滩等可以直接通过招标、拍卖、公开协商等方式实行承包经营，也可以将土地承包经营权折股分给本集体经济组织成员后，再实行承包经营或者股份合作经营。 承包荒山、荒沟、荒丘、荒滩的，应当遵守有关法律、行政法规的规定，防止水土流失，保护生态环境。	**第五十条** 荒山、荒沟、荒丘、荒滩等可以直接通过招标、拍卖、公开协商等方式实行承包经营，也可以将土地经营权折股分给本集体经济组织成员后，再实行承包经营或者股份合作经营。 承包荒山、荒沟、荒丘、荒滩的，应当遵守有关法律、行政法规的规定，防止水土流失，保护生态环境。
第四十七条 以其他方式承包农村土地，在同等条件下，本集体经济组织成员享有优先承包权。	**第五十一条** 以其他方式承包农村土地，在同等条件下，本集体经济组织成员**有权**优先承包。
第四十八条 发包方将农村土地发包给本集体经济组织以外的单位或者个人承包，应当事先经本集体经济组织成员的村民会议三分之二以上成员或者三分之二以上村民代表的同意，并报乡（镇）人民政府批准。 由本集体经济组织以外的单位或者个人承包的，应当对承包方的资信情况和经营能力进行审查后，再签订承包合同。	**第五十二条** 发包方将农村土地发包给本集体经济组织以外的单位或者个人承包，应当事先经本集体经济组织成员的村民会议三分之二以上成员或者三分之二以上村民代表的同意，并报乡（镇）人民政府批准。 由本集体经济组织以外的单位或者个人承包的，应当对承包方的资信情况和经营能力进行审查后，再签订承包合同。

《中华人民共和国农村土地承包法》（2009 年 8 月 27 日第一次修正）	《中华人民共和国农村土地承包法》（2018 年 12 月 29 日第二次修正）
第四十九条 通过招标、拍卖、公开协商等方式承包农村土地，经依法登记取得土地承包经营权证或者林权证等证书的，其土地承包经营权可以依法采取转让、出租、入股、抵押或者其他方式流转。	**第五十三条** 通过招标、拍卖、公开协商等方式承包农村土地，经依法登记取得**权属**证书的，可以依法采取出租、入股、抵押或者其他方式流转**土地经营权**。
第五十条 土地承包经营权通过招标、拍卖、公开协商等方式取得的，该承包人死亡，其应得的承包收益，依照继承法的规定继承；在承包期内，其继承人可以继续承包。	**第五十四条** **依照本章规定**通过招标、拍卖、公开协商等方式取得**土地经营权**的，该承包人死亡，其应得的承包收益，依照继承法的规定继承；在承包期内，其继承人可以继续承包。
第四章 争议的解决和法律责任	**第四章 争议的解决和法律责任**
第五十一条 因土地承包经营发生纠纷的，双方当事人可以通过协商解决，也可以请求村民委员会、乡（镇）人民政府等调解解决。 当事人不愿协商、调解或者协商、调解不成的，可以向农村土地承包仲裁机构申请仲裁，也可以直接向人民法院起诉。	**第五十五条** 因土地承包经营发生纠纷的，双方当事人可以通过协商解决，也可以请求村民委员会、乡（镇）人民政府等调解解决。 当事人不愿协商、调解或者协商、调解不成的，可以向农村土地承包仲裁机构申请仲裁，也可以直接向人民法院起诉。
第五十二条 当事人对农村土地承包仲裁机构的仲裁裁决不服的，可以在收到裁决书之日起三十日内向人民法院起诉。逾期不起诉的，裁决书即发生法律效力。	
第五十三条 任何组织和个人侵害承包方的土地承包经营权的，应当承担民事责任。	**第五十六条** 任何组织和个人侵害土地承包经营权、**土地经营权**的，应当承担民事责任。

《中华人民共和国农村土地承包法》（2009 年 8 月 27 日第一次修正）	《中华人民共和国农村土地承包法》（2018 年 12 月 29 日第二次修正）
第五十四条 发包方有下列行为之一的，应当承担停止侵害、返还原物、恢复原状、排除妨害、消除危险、赔偿损失等民事责任： （一）干涉承包方依法享有的生产经营自主权； （二）违反本法规定收回、调整承包地； （三）强迫或者阻碍承包方进行土地承包经营权流转； （四）假借少数服从多数强迫承包方放弃或者变更土地承包经营权而进行土地承包经营权流转； （五）以划分“口粮田”和“责任田”等为由收回承包地搞招标承包； （六）将承包地收回抵顶欠款； （七）剥夺、侵害妇女依法享有的土地承包经营权； （八）其他侵害土地承包经营权的行为。	**第五十七条** 发包方有下列行为之一的，应当承担停止侵害、排除妨碍、消除危险、返还**财产**、恢复原状、赔偿损失等民事责任： （一）干涉承包方依法享有的生产经营自主权； （二）违反本法规定收回、调整承包地； （三）强迫或者阻碍承包方进行土地承包经营权**的互换、转让或者土地经营权**流转； （四）假借少数服从多数强迫承包方放弃或者变更土地承包经营权； （五）以划分“口粮田”和“责任田”等为由收回承包地搞招标承包； （六）将承包地收回抵顶欠款； （七）剥夺、侵害妇女依法享有的土地承包经营权； （八）其他侵害土地承包经营权的行为。
第五十五条 承包合同中违背承包方意愿或者违反法律、行政法规有关不得收回、调整承包地等强制性规定的约定无效。	**第五十八条** 承包合同中违背承包方意愿或者违反法律、行政法规有关不得收回、调整承包地等强制性规定的约定无效。
第五十六条 当事人一方不履行合同义务或者履行义务不符合约定的，应当依照《中华人民共和国合同法》的规定承担违约责任。	**第五十九条** 当事人一方不履行合同义务或者履行义务不符合约定的，应当依**法**承担违约责任。

《中华人民共和国农村土地承包法》（2009 年 8 月 27 日第一次修正）	《中华人民共和国农村土地承包法》（2018 年 12 月 29 日第二次修正）
第五十七条 任何组织和个人强迫承包方进行土地承包经营权流转的，该流转无效。	**第六十条** 任何组织和个人强迫进行土地承包经营权**互换、转让或者土地经营权**流转的，该**互换、转让或者**流转无效。
第五十八条 任何组织和个人擅自截留、扣缴土地承包经营权流转收益的，应当退还。	**第六十一条** 任何组织和个人擅自截留、扣缴土地承包经营权**互换、转让或者土地经营权**流转收益的，应当退还。
第五十九条 违反土地管理法规，非法征收、征用、占用土地或者贪污、挪用土地征收、征用补偿费用，构成犯罪的，依法追究刑事责任；造成他人损害的，应当承担损害赔偿等责任。	**第六十二条** 违反土地管理法规，非法征收、征用、占用土地或者贪污、挪用土地征收、征用补偿费用，构成犯罪的，依法追究刑事责任；造成他人损害的，应当承担损害赔偿等责任。
第六十条 承包方违法将承包地用于非农建设的，由县级以上地方人民政府有关行政主管部门依法予以处罚。 承包方给承包地造成永久性损害的，发包方有权制止，并有权要求承包方赔偿由此造成的损失。	**第六十三条** 承包方、**土地经营权人**违法将承包地用于非农建设的，由县级以上地方人民政府有关主管部门依法予以处罚。 承包方给承包地造成永久性损害的，发包方有权制止，并有权要求赔偿由此造成的损失。
	第六十四条 土地经营权人擅自改变土地的农业用途、弃耕抛荒连续两年以上、给土地造成严重损害或者严重破坏土地生态环境，承包方在合理期限内不解除土地经营权流转合同的，发包方有权要求终止土地经营权流转合同。土地经营权人对土地和土地生态环境造成的损害应当予以赔偿。

《中华人民共和国农村土地承包法》（2009年8月27日第一次修正）	《中华人民共和国农村土地承包法》（2018年12月29日第二次修正）
第六十一条 国家机关及其工作人员有利用职权干涉农村土地承包，变更、解除承包合同，干涉承包方依法享有的生产经营自主权，或者强迫、阻碍承包方进行土地承包经营权流转等侵害土地承包经营权的行为，给承包方造成损失的，应当承担损害赔偿等责任；情节严重的，由上级机关或者所在单位给予直接责任人员行政处分；构成犯罪的，依法追究刑事责任。	**第六十五条** 国家机关及其工作人员有利用职权干涉农村土地承包**经营**，变更、解除承包**经营**合同，干涉承包**经营当事人**依法享有的生产经营自主权，强迫、阻碍承包**经营当事人**进行土地承包经营权**互换、转让或者土地经营权**流转等侵害土地承包经营权**、土地经营权**的行为，给承包**经营当事人**造成损失的，应当承担损害赔偿等责任；情节严重的，由上级机关或者所在单位给予直接责任人员处分；构成犯罪的，依法追究刑事责任。
第五章　附则	**第五章　附则**
第六十二条 本法实施前已经按照国家有关农村土地承包的规定承包，包括承包期限长于本法规定的，本法实施后继续有效，不得重新承包土地。未向承包方颁发土地承包经营权证或者林权证等证书的，应当补发证书。	**第六十六条** 本法实施前已经按照国家有关农村土地承包的规定承包，包括承包期限长于本法规定的，本法实施后继续有效，不得重新承包土地。未向承包方颁发土地承包经营权证或者林权证等证书的，应当补发证书。
第六十三条 本法实施前已经预留机动地的，机动地面积不得超过本集体经济组织耕地总面积的百分之五。不足百分之五的，不得再增加机动地。 本法实施前未留机动地的，本法实施后不得再留机动地。	**第六十七条** 本法实施前已经预留机动地的，机动地面积不得超过本集体经济组织耕地总面积的百分之五。不足百分之五的，不得再增加机动地。 本法实施前未留机动地的，本法实施后不得再留机动地。
第六十四条 各省、自治区、直辖市人民代表大会常务委员会可以根据本法，结合本行政区域的实际情况，制定实施办法。	**第六十八条** 各省、自治区、直辖市人民代表大会常务委员会可以根据本法，结合本行政区域的实际情况，制定实施办法。

《中华人民共和国农村土地承包法》（2009年8月27日第一次修正）	《中华人民共和国农村土地承包法》（2018年12月29日第二次修正）
	第六十九条　确认农村集体经济组织成员身份的原则、程序等，由法律、法规规定。
第六十五条　本法自2003年3月1日起施行。	**第七十条**　本法自2003年3月1日起施行。

集体土地征收补偿标准

1. 征地补偿费用计算公式

征地补偿费用＝土地补偿费＋安置补助费＋农村村民住宅、其他地上附着物和青苗等补偿费＋被征地农民社会保障费用

2. 各项目计算标准

1. 农用地土地补偿、安置补助标准

标准：由各省、自治区、直辖市制定，根据区片综合地价确定，应当综合考虑土地原用途、土地资源条件、土地产值、土地区位、土地供求关系、人口以及经济社会发展水平等因素。

调整时间：至少每三年调整或者重新公布一次。

2. 农用地以外的其他土地补偿标准

标准：由各省、自治区、直辖市制定。

1. 农村村民住宅补偿标准

标准：由各省、自治区、直辖市制定，应当按照先补偿后搬迁、居住条件有改善的原则，尊重农村村民意愿，采取重新安排宅基地建房、提供安置房或者货币补偿等方式给予公平、合理的补偿，并对因征收造成的搬迁、临时安置等费用予以补偿，保障农村村民居住的权利和合法的住房财产权益。

2. 其他地上附着物、青苗等补偿

标准：由各省、自治区、直辖市制定。

被征地农民社会保障费用

县级以上地方人民政府应当将被征地农民纳入相应的养老等社会保障体系。被征地农民的社会保障费用主要用于符合条件的被征地农民的养老保险等社会保险缴费补贴。被征地农民社会保障费用的筹集、管理和使用办法，由省、自治区、直辖市制定。

农村土地承包经营纠纷仲裁申请书

申 请 人

姓名：______________性别：______________年龄：______________

住所：______________邮编：______________电话：______________

代理人

姓名：______________性别：______________年龄：______________

住所：______________邮编：______________电话：______________

（法人或者其他组织）

名称：____________地址：____________________________________

法定代表人（主要负责人）姓名：______________________________

职务：____电话：______________

被申请人

姓名：______________性别：______________年龄：______________

住所：______________邮编：______________电话：______________

（法人或者其他组织）

名称：____________地址：____________________________________

法定代表人（主要负责人）姓名：______________________

职务：____________________电话：______________________________

仲裁请求：____

____

事实和理由：____

____

证据名称：____________________________________证据来源：________

证人姓名：____________________________________联系方式：________

附件：1. 申请书副本____份

2. 其他有关材料____份

3. 身份证复印件或户籍复印件

申请人：（签名、盖章或者按指印）

年　　月　　日

农村土地承包经营纠纷口头仲裁申请书

申 请 人

姓名：____________性别：____________年龄：____________

住所：____________邮编：____________电话：____________

代理人

姓名：____________性别：____________年龄：____________

住所：____________邮编：____________电话：____________

被申请人

姓名：____________性别：____________年龄：____________

住所：____________邮编：____________电话：____________

(法人或者其他组织)

名称：__________________地址：________________________

法定代表人（主要负责人）姓名：___________________

职务：__________________电话：________________________

仲裁请求：____

____

事实和理由：____

____

证据名称：______________________________证据来源：________

证人姓名：______________________________联系方式：________

以上记录经本人核对，与口述一致。

附件：1. 申请书副本____份

2. 其他有关材料____份

3. 身份证复印件或户籍复印件

申请人：(签名、盖章或者按指印)

记录人：(签名、盖章)

年　　月　　日

农村土地（耕地）承包合同（家庭承包方式）

发包方：________县（市、区）______乡（镇）______村______

社会信用代码：________________

发包方负责人：________________身份证号：________________

联系电话：____________________

承包方代表：__________________身份证号：________________

联系电话：____________________

承包方地址：_____县（市、区）_____乡（镇）_____村_____组

为巩固和完善以家庭承包经营为基础、统分结合的双层经营体制，保持农村土地承包关系稳定并长久不变，维护承包双方当事人的合法权益，根据《中华人民共和国民法典》《中华人民共和国农村土地承包法》等法律法规和本集体依法通过的承包方案，订立本合同。

一、承包土地情况

地块名称	地块代码	坐落				面积（亩）	质量等级	备注
		东至	西至	南至	北至			
总计	—	—	—	—	—		—	

备注：承包地地块示意图见附件

二、承包方家庭成员信息

姓名	与承包方代表	关系	身份证号	备注

三、承包期限：_______年，自______年____月____日至_______年____月____日。

四、承包土地的用途：农业生产

五、发包方的权利与义务

（一）发包方享有下列权利

1. 发包本集体所有的或者国家所有依法由本集体使用的农村土地；

2. 监督承包方依照承包合同约定的用途合理利用和保护土地；

3. 制止承包方损害承包地和农业资源的行为；

4. 法律、行政法规规定的其他权利。

（二）发包方承担下列义务

1. 维护承包方的土地承包经营权，不得非法变更、解除承包合同；

2. 尊重承包方的生产经营自主权，不得干涉承包方依法进行正常的生产经营活动；

3. 依照承包合同约定为承包方提供生产、技术、信息等服务；

4. 执行县、乡（镇）土地利用总体规划，组织本集体经济组织内的农业基础设施建设；

5. 法律、行政法规规定的其他义务。

六、承包方的权利与义务

（一）承包方享有下列权利

1. 依法享有承包地使用、收益的权利，有权自主组织生产经营和处置产品；

2. 依法互换、转让土地承包经营权；

3. 依法流转土地经营权；

4. 承包地被依法征收、征用、占用的，有权依法获得相应的补偿；

5. 法律、行政法规规定的其他权利。

（二）承包方承担下列义务

1. 维持土地的农业用途，未经依法批准不得用于非农建设；

2. 依法保护和合理利用土地，不得给土地造成永久性损害；

3. 执行国家有关粮食和重要农产品种植的规定；

4. 法律、行政法规规定的其他义务。

七、违约责任

1. 当事人一方不履行合同义务或者履行义务不符合约定的，依照

《中华人民共和国民法典》《中华人民共和国农村土地承包法》的规定承担违约责任。

2. 承包方给承包地造成永久性损害的，发包方有权制止，并有权要求承包方赔偿由此造成的损失。

3. 如遇自然灾害等不可抗力因素，使本合同无法履行或者不能完全履行时，不构成违约。

4. 法律、行政法规规定的其他违约责任。

八、其他事项

1. 承包合同生效后，发包方不得因承办人或者负责人的变动而变更或者解除，也不得因农村集体经济组织的分立或者合并而变更或者解除。

2. 承包期内，承包方交回承包地或者发包方依法收回时，承包方有权获得为提高土地生产能力而在承包地上投入的补偿。

3. 承包期内，承包方或承包地发生变化的，发包方应当与承包方重新订立、变更或者终止承包合同。

4. 因土地承包经营发生纠纷的，双方当事人可以依法通过协商、调解、仲裁、诉讼等途径解决。

5. 其他：______________________________

____。

九、本合同自双方当事人均签名、盖章或者按指印时成立。本合同自成立之日起生效。承包方自本合同生效时取得土地承包经营权。

十、本合同一式____份，发包方、承包方各执一份，乡镇人民政府、县级人民政府农业农村主管（或者农村经营管理）部门、______，各备案一份。

发包方（章）：________________

负责人（签章）：__________　　承包方代表（签章）：__________

签订日期：______年______月______日

签订地点：____________________

附件：承包地地块示意图（略）